HEYNE <

TUBA SARICA

IHR SCHEINHEILIGEN!

Doppelmoral und falsche Toleranz –
die Parallelwelt der Deutschtürken
und die Deutschen

WILHELM HEYNE VERLAG
MÜNCHEN

Verlagsgruppe Random House FSC® N001967

4. Auflage
Originalausgabe 06/2018

Copyright © 2018 by Wilhelm Heyne Verlag, München,
in der Verlagsgruppe Random House GmbH,
Neumarkter Straße 28, 81673 München
Umschlaggestaltung: Hauptmann & Kompanie Werbeagentur, Zürich,
unter Verwendung eines Fotos von: Ben Piepraes Photography
Satz: Satzwerk Huber, Germering
Druck: CPI books GmbH, Leck
Printed in the Czech Republic
ISBN: 978-3-453-60473-5

www.heyne.de

INHALT

VORWORT

Dieses Buch ist mir eine Herzensangelegenheit. Deutschland liegt mir am Herzen. Ich liebe mein Land. Dabei ist Patriotismus in Deutschland nicht besonders cool. Für meine Generation sind die Errungenschaften des vereinten Europa nämlich selbstverständlich. Das ist auch gut so. Aber als Enkelin eines türkischen Gastarbeiters musste ich mir schon als Kind Gedanken darüber machen, wie ich zu Deutschland stehe. Und ich habe mich entschieden. Dafür.

Seit Jahrzehnten schlagen wir uns immer wieder mit dem Thema Integration herum. Doch wir drehen uns im Kreis. Denn diejenigen, die sich integrieren sollten, weigern sich, Selbstkritik zu üben. Dieses Buch soll dazu anregen, die deutschtürkischen Muslime in die Verantwortung zu nehmen. Gleichzeitig soll es für sie selbst ein Anstoß sein, Verantwortung zu übernehmen und damit das nachzuholen, was sie bisher versäumt haben.

Zu lange richtete die Politik ihre Integrationskritik, wenn überhaupt, gegen die deutsche Mehrheitsgesellschaft und deren Fremdenfeindlichkeit. Aus vielleicht allzu großer Vorsicht machten deutsche Politiker und Medien den Fehler, mit den Nachfahren der Gastarbeiter zu unkritisch umzugehen. Das hat dazu geführt, dass man allein aus der AfD Stimmen hört, die sich kritisch gegen die in Deutschland lebenden Muslime äußern.

Viele Deutschtürken haben es sich in der Opferrolle bequem gemacht. Sie ist einfach viel zu praktisch, um sie aufzugeben. Die Deutschen wiederum eignen sich aufgrund ihrer Nazivergangenheit besonders gut dafür, für das eigene Versäumnis verantwortlich gemacht zu werden. Sobald sich etwas nach Kritik anhört, einfach mit dem Rassismusvorwurf drohen, und schon lässt der Deutsche dich in Frieden – herrlich!

Die Verantwortung für die Integration sollte nicht auf die Deutschen abgewälzt werden. Es ist wie beim Feminismus: Wenn es Mängel in der Gleichberechtigung zwischen Mann und Frau gibt, wie etwa Gehaltsunterschiede, dann sollte man dies zur Kenntnis nehmen und sich fragen, was man als Frau aktiv dagegen unternehmen kann. Aber man sollte nicht einfach so tun, als wären allein die Männer daran schuld. Dass wir eine Kanzlerin haben, ist immerhin der Beweis dafür, dass Frauen in Deutschland durchaus Chancen haben, solange sie nach ihnen greifen. Leider tun das zu wenige. Genauso sind auch viele Migranten zu bequem, die Chancen, die sich ihnen bieten, zu nutzen und damit Verantwortung für ihr eigenes Leben zu übernehmen, statt den Deutschen die Schuld für ihre schlechte Integrationssituation in die Schuhe zu schieben.

Ich möchte mit diesem Buch versuchen, hinsichtlich der Haltung gegenüber der muslimischen Welt die Mitte wiederzufinden, die wir zwischen grenzenloser Toleranz und totaler Ablehnungshaltung offenbar verloren haben.

Schon als Kind konnte ich die Ungerechtigkeit kaum aushalten, dass der böse Deutsche für die problematische Integrationssituation der Deutschtürken verantwortlich gemacht wurde. Denn während in der Öffentlichkeit unermüdlich Toleranz gegenüber den türkischen Mitbürgern propagiert wurde, sah ich an dem großen deutschtürkischen Umfeld, in dem ich durch meine Eltern aufwuchs, dass sehr viele Deutschtürken gar kein Interesse daran hatten, sich zu integrieren. Stattdessen machten sie es sich in der Opferrolle bequem.

Ich formulierte gedanklich meine These: »Die wollen sich gar nicht integrieren!«, und träumte davon, sie in die Öffentlichkeit zu tragen. Ich befürchtete: Wenn sich die Deutschtürken nicht endlich selbst erklären, werden die Leute bald denken, ihr Verhalten sei genetisch bedingt. Und dann war es so weit: Thilo Sarrazin besetzte die Lücke, die durch das Fehlen eines kritischen Umgangs mit den Muslimen in Deutschland entstanden war. Er verknüpfte die durchaus richtige Beobachtung: »Die wollen sich gar nicht integrieren«, mit genau der oben genannten haarsträubenden Erklärung, die das Verhalten der Türken als das genetisch bedingte Verhalten einer »Rasse« deutete. Ich kam zu spät. Obwohl seine Erklärung falsch war, hat sich nach Sarrazins Buch in der Integrationsdebatte nichts getan. Ich möchte daher in diesem Buch der durchaus richtigen Erkenntnis: »Die wollen sich gar nicht integrieren«, eine richtige Erklärung hinterherschalten, weil ich glaube, dass erst diese auch zu Lösungen führen kann.

Je älter ich wurde, desto reflektierter wurde ich und konnte erkennen, dass vor allem die in Deutschland lebenden Türken eine Gesellschaftsordnung pflegen, die anders funktioniert als die Gesellschaftsordnung meines deutschen Umfeldes. Sie bewegen sich in einer kleinen Gesellschaft innerhalb der Mehrheitsgesellschaft, in der alle anderen leben. Später würde es ein wunderbares Wort dafür geben: die Parallelgesellschaft.

Viele der im Buch aufgeführten Eigenschaften der Parallelgesellschaft werden Ihnen bekannt vorkommen. So gleicht etwa die muslimische Sexualmoral der prüden Gesellschaft im Deutschland der frühen Sechzigerjahre, und man braucht auch nicht allzu lange in der deutschen Geschichte zurückzugehen, um zu sehen, dass religiöser Fundamentalismus ebenfalls in christlich geprägten Familien eine Rolle gespielt hat. Dass es dieselben Probleme, die heute in muslimisch geprägten Kulturkreisen existieren, auch in westlichen Ländern gab, ist aber sicher kein Freibrief, wie es die Mitglieder der Parallelgesellschaft gerne hätten. Im Gegenteil: Die Deutschtürken müssen die Rückschrittlichkeit ihres eigenen Kulturkreises benennen und eine Chance darin sehen, sich Deutschland und Europa zum Vorbild machen zu können. Dazu müssen sie aufhören, sie als ihren Feind zu betrachten.

Je mehr es mir gelang, mich aus der Parallelgesellschaft heraus- und in die Position eines Betrachters hineinzudenken (zumal ich mich sowieso zu einem deutschen jungen Menschen entwickelte und auch so erzogen wurde), desto klarer stellte sich mir die Kernursache für die schlechte Integrationssituation dar, die die Parallelgesellschaft noch heute zu verschleiern versucht: ihre eigene Fremdenfeindlichkeit, vor allem ihre Feindlichkeit gegenüber den Deutschen. Erdoğan hat diese Fremdenfeindlichkeit aufgegriffen, sie auf die politische Ebene getragen und somit salonfähig gemacht. Selbst vor klaren rassistischen Tönen macht er nicht halt, etwa wenn er, wie im Juni 2016, nach der Abstimmung über die Anerkennung des Völkermords an den Armeniern im Bundestag, bezweifelt, dass der Deutschtürke Cem Özdemir türkischer Abstammung ist, und einen Bluttest von ihm fordert.

Dadurch, dass der Rassismus der Deutschtürken und ihre Feindlichkeit gegenüber der deutschen Mehrheitsgesellschaft verschleiert und verdrängt werden, ergibt sich eine Schieflage in der Diskussion. Diese Schieflage wieder geradezubiegen wurde für mich zu einer Art Lebensaufgabe. Ich wollte von Grund auf aufräumen. Anfangen wollte ich bei mir selbst. Ich fing damit an, mich in Selbstkritik zu trainieren, dem ersten Schritt zur Besserung. Meine Zukunft sollte auf ein sicheres Fundament gebaut sein. Denn an irgendeinem Punkt hatte ich begriffen, dass es nirgendwo hinführt, andere für selbst verursachte Probleme verantwortlich zu machen. Das sollte nicht mein Lebenskonzept sein. Deswegen möchte ich Sie mitnehmen auf eine Reise durch meine ganz persönliche Entwicklung.

»Erklär mir einer die Türken«, hieß es 2014 in der *Heute Show*[1], denn als Europäer begreift man verständlicherweise nicht, wie man heutzutage freiwillig einen offensichtlichen Antidemokraten wie Erdoğan unterstützen kann. Die Talkshowmoderatoren der Nation versuchen seit Jahren, Antworten zu finden, und fragen ihre deutschtürkischen Gäste: Warum ist das so? Doch sie fragen die Falschen. Die Experten, die zu Talkrunden und Podiumsdiskussionen eingeladen werden, stecken zum Großteil selber in den Strukturen der Parallelgesellschaft fest. Sie machen alles nur noch schlimmer. Ein modernes Äußeres und beruflicher Status sind nämlich noch lange kein Zeichen für Vorbildlichkeit in Sachen Integration. Im Gegenteil – sie sind Kern des Problems: Vielen Deutschtürken gelingt es gerade durch ihre äußerliche Angepasstheit, die Mehrheitsgesellschaft darüber hinwegzutäuschen, dass hinter den verschlossenen Türen ihrer Wohnungen nach wie vor die Regeln der Parallelgesellschaft gelten. Ich möchte hier so ehrlich sein, wie die angeblichen deutsch-türkischen Integrationsexperten unehrlich sind. Toleranz ist nur dann möglich, wenn Fragen gestellt werden dürfen. Dieses Buch soll als fundierte Grundlage für einen ehrlichen Dialog dienen.

Ja, es ist immer schwierig, über eine »Mehrheit« zu sprechen und sie zu pauschalisieren. Aber spätestens seit dem Referendum über die Verfassungsänderung in der Türkei, bei dem 63,1 Prozent der deutschtürkischen Wählerstimmen an Erdoğan gegangen sind[2], kann man von einer gewissen Mehrheit sprechen, mit der irgendetwas nicht stimmt.

Ich werde in meinem Buch um der politischen Korrektheit willen keine Begriffsgymnastik betreiben. Das tun wir viel zu oft, wodurch wir uns in Unwichtigkeiten verlieren. Die Debatte muss vorangehen.

Aus Angst vor der Nazikeule scheinen wir als deutsche Mehrheitsgesellschaft alle möglichen Wege zu finden, bloß keine wunden Punkte anzusprechen. Doch genau das müssen wir tun, um das Vertrauensverhältnis zwischen Deutschen und Türken, wenn es je eines gab, wiederherzustellen und gute deutsch-türkische Beziehungen aufzubauen. Nur so kann sich Spannung allmählich entladen. Allein durch diese Art von Ehrlichkeit können wir dem Populismus à la AfD den Nährboden entziehen. Ich bin der Meinung, dass der Unmut gegenüber dem Islam ernst genommen werden und in einem ehrlichen Dialog angesprochen werden muss. Ehrlich statt populistisch. Solange dies nicht getan wird, werden Unmut und Hass immer größer, und wir dürfen uns dann nicht darüber wundern, dass Mitbürger in das Netz populistischer Politiker gehen.

Dieses Buch bietet keine einfachen Lösungen an. Es soll weder rechts sein noch links. Es soll die Mitte sein. Denn die Mitte muss wieder stark werden. Auch soll dieses Buch der verbreiteten Ratlosigkeit, wie man sich zu dem Problem verhalten soll, ein Verstehen entgegensetzen. Verstehen, nicht um zu entschuldigen. Im Gegenteil: Verstehen, um Verantwortung einzufordern. Ich behaupte, dass Sie nach der Lektüre verstehen werden, wie die Deutschtürken »ticken«. Sie werden die Muster erkennen, nach denen der Deutschtürke handelt, der sich in der Parallelgesellschaft eingerichtet hat. Und wenn Sie diese Muster erkannt haben, können Sie gezielte Forderungen stellen.

So, wie alles im Leben einen Zusammenhang hat, gibt es auch Zusammenhänge zwischen allen Themen rund um die Türken, die Integration und den gelebten Islam. Sie werden nach dem Lesen dieses Buches einsehen, dass es kein Zufall ist, wenn Muslime in Deutschland so wenig gegen den Terrorismus des IS protestieren. Denn ein Grund dafür ist, dass die Parallelgesellschaft sich über das »Wir – ihr« definiert, über die Abgrenzung gegenüber den Deutschen. Den Protest gegen den Terror verweigern die Deutschtürken durchaus bewusst. Da zu viele Muslime Politik und Religion im Kopf immer noch nicht trennen können, schlagen sie sich gedanklich lieber auf die vermeintlich »eigene«, die muslimische Seite.

Selbstverständlich bedeutet meine Kritik an der Weigerung der in Deutschland lebenden Türken, sich zu integrieren, nicht automatisch, dass ich Ausländerfeindlichkeit befürworte. Jeder, der neu in unser wunderschönes Land kommt und dessen Absicht es nicht ist, den Menschen dieses Landes gegenüber intolerant zu sein, verdient unsere Toleranz, so, wie jeder Mensch auf der Welt Toleranz verdient. Dieses Recht, von anderen toleriert zu werden, verwirken wir erst dann, wenn wir andere nicht tolerieren.

Gibt es etwas Traurigeres, als dass jemand allein aufgrund seiner äußerlich sichtbaren Herkunft beleidigt wird? Jemand, der bereit ist, sein Herz, seinen Geist und seine Türen zu öffnen? So, wie die Kinder und vielleicht selbst die erwachsenen Flüchtlinge, die 2016 in ihrer Unterkunft in Deutschland ankamen und aus Angst vor den aggressiven Beschimpfungen den Bus nicht verlassen konnten.

Die Bilder aus Clausnitz waren dunkel und gruselig. Es tat mir in der Seele weh. Umso größer ist mein Unmut jenen muslimischen Migranten gegenüber, die schon lange in Deutschland leben und dafür gesorgt haben, dass Menschen aus muslimischen Ländern so verhasst sind. Sie sind nicht weniger für diese Beschimpfungen verantwortlich als der ekelhafte Mob selbst, der sich nicht die Mühe macht zu differenzieren.

Sobald ich über die Fremdenfeindlichkeit im deutschtürkischen Kulturkreis spreche, stoße ich auf panische Reaktionen, die in mir kurz das Gefühl auslösen, mich dafür entschuldigen zu müssen. Aber ich werde mich nicht dafür entschuldigen, dass ich mich gegen solche Verhaltensweisen einsetze. Die Deutschtürken werfen mir vor, dass ich nicht in erster Linie die von den Deutschen praktizierte Fremdenfeindlichkeit thematisiere. Darüber reden sie nämlich gerne. Schließlich sei die Fremdenfeindlichkeit der Deutschen seit jeher ein Thema, das wisse doch jeder. Eben drum, sage ich. Solange das so ist, brauche ich nicht auch noch darüber zu schreiben.

Es ist wunderbar, dass in Deutschland so häufig gegen Rechtsextremismus geschrieben, gesprochen und demonstriert wird. Das muss auch beibehalten werden. Aber lasst mich trotzdem bitte über die Fremdenfeindlichkeit innerhalb der muslimischen Gemeinde schreiben. So, wie sich gleichaltrige Deutsche gegen den Rechtsextremismus in ihrem Land einsetzen, möchte ich mich als Türkischstämmige bitte schön gegen den Rechtsextremismus in meinem Kulturkreis einsetzen dürfen. Es heißt doch so schön, dass jeder zunächst vor der eigenen Haustüre kehren soll. Zumal ein Problem, das nicht als solches erkannt wird, dringlicher ist, da es gefährlicher ist als eines, das immerhin schon als solches erkannt wurde.

Die Namen von Personen, Politikern, Parteien, ethnischen und religiösen Gruppen in diesem Buch sind austauschbar. Denn hinter dem Integrationsproblem steckt eine menschliche Neigung, der auch andere Menschen zu anderen Zeiträumen verfallen können: die Neigung, den einfachen Weg zu gehen. Die Geschichte wiederholt sich, solange man nicht aus ihr lernt.

Ich schreibe dieses Buch nicht zuletzt für die zwölf- bis Anfang zwanzigjährigen türkischen, muslimischen Jungs und Mädels in Deutschland und Europa, die sich aus der angeblich modernen parallelgesellschaftlichen Wertewelt befreien und den Weg gehen wollen, den ich gegangen bin: ihren eigenen.

Ich betrachte es als eine Art Handbuch, das zu haben ich damals froh gewesen wäre. Zwar war es wohl am effektivsten für mich, mir meinen Weg ohne Hilfe zu erarbeiten, das heißt allein zu entscheidenden Erkenntnissen über die Parallelgesellschaft zu gelangen. Aber diejenigen Deutschtürken, die in eine Buchhandlung gehen, um sich dieses oder ein anderes außerschulisches Buch zu holen, werden den allerersten Schritt bereits aus eigener Kraft gemacht haben: Sie haben sich schon entschieden. Somit wird ihnen, so wünsche ich es mir, dieses Buch eine Hilfe zur Selbsthilfe sein.

DIE PARALLELGESELLSCHAFT

Verortung

Ich hatte eine wunderschöne Kindheit. Meine Eltern bauten ein Haus, das von vielen Wiesen, von Bäumen und Bächen umgeben war. Sie gehörten alle mir. Ich war ein sehr abenteuerlustiges Kind.

Ich komme aus einer Arbeiterfamilie, meine Eltern hatten Knochenjobs, arbeiteten abwechselnd in Tages- und Nachtschichten. Und doch lebten wir das Leben einer mittelständischen Familie. Nicht zuletzt, weil man in den Neunzigern als Arbeiter gut verdient hat. Aber auch, weil meine Eltern gerne und sehr viel gearbeitet haben. Beides kam zusammen, und so erfreuten sie sich an dem Lebensstandard, den sie sich dadurch trotz ihres Arbeiterdaseins leisten konnten.

Ich habe eine vier Jahre ältere Schwester. Mit unserer Betreuung versuchten sich meine Eltern gegenseitig abzulösen. Oft mussten sie uns allerdings bei unseren Großeltern oder Nachbarn lassen. Am liebsten ließ ich mich von unserer Nachbarin Ilse vom Kindergarten abholen, die für mich meine Oma war. Auch Ilse sah uns als ihre Enkelkinder an. Die harte Arbeit glichen Papa und Mama dann am Wochenende mit Familienausflügen und Freunden aus. Wir waren also eine ganz normale Familie.

Im Vergleich zu den meisten anderen türkischen Familien war aber irgendetwas anders. Es war der Wert, den meine Eltern dem Familienleben beimaßen. Und zwar dem Familienleben der Kernfamilie, Mutter, Vater, Kinder, die sie von allen anderen Verwandten trennten. Die anderen türkischen Familien traten nicht als autonome kleine Einheiten auf. Immer vermischte sich die Grenze der Kernfamilie zur Verwandtschaft. Es ist »typisch türkisch«, dass sich ständig ein Verwandter anhängt, wenn man eigentlich etwas alleine unternehmen möchte. Meine Eltern wussten der Verwandtschaft gegenüber Grenzen aufzuzeigen. Sie sorgten dafür, dass ihre Privatsphäre respektiert wurde.

Meine Eltern hatten viele Freunde. Vor allem mein Vater war ein sehr lebenslustiger Mensch – ein Entertainer, der auf den Tischen tanzte. In unserer Stadt war er bekannt wie ein bunter Hund, zumal er ein sehr »untypischer türkischer« Vater war. Er fuhr Motorrad, hatte zu Hause einen Alkoholschrank und trank abends gerne ein Bier in Nachbars Garage mit. In seiner Jugend war er zeitweise Hippie und DJ gewesen. Bei unseren Schulausflügen stellte er sich als elterliche Begleitung zur Verfügung. Sein Familienglück hielt er stets mit seiner Spiegelreflexkamera fest. Er brachte dem Leben eine Neugier entgegen, die den Vätern der meisten anderen deutschtürkischen Kinder fehlte.

Wir galten im Gegensatz zu vielen türkischen Familien als liberal. Wir durften Dinge tun, die anderen türkischen Mädchen verboten wurden. Zum Beispiel bei deutschen Freundinnen schlafen. Der erste Schritt für oder gegen Integration. Aber viele deutschtürkische Eltern verwehren ihren Töchtern diesen Spaß.

Unsere Eltern hatten einen deutschen und einen türkischen Freundeskreis. Die türkischen Freunde galten ebenfalls als »liberal« und waren alle ungefähr auf einer Wellenlänge mit meinen Eltern, wobei sich der Grad ihrer Liberalität leicht unterschied. Da gab es zum Beispiel Kemal.

Auch er besaß eine besondere Neugier auf die Welt. Kemal trank bei gemeinsamen Abenden gerne Alkohol, dabei kam er so richtig in Fahrt und fing an, den Islam infrage zu stellen. Einmal sagte er:»Tuba wird irgendetwas Künstlerisches machen, wenn sie groß ist. Theater, zum Beispiel. Irgendwas mit Publikum.« Er hatte an der Art, wie ich spielte, beobachtet, dass ich kreativ war. Die anderen türkischen Freunde meines Vaters wären nie auf die Idee gekommen, darüber nachzudenken. Es musste an Kemals Vorstellung von Erziehung liegen, dass meine Schwester und ich uns von allen Kindern der türkischen Freunde meiner Eltern gerade mit seinen am besten verstanden.

Mit Kemals Familie unternahmen wir öfter mal etwas außerhalb der Wohnungen, in denen man sich besuchte. Auch das war untypisch für Türken. Das deutschtürkische Sozialleben findet eher bei jemandem zu Hause statt als draußen. So etwas wie Zelten wäre mit den türkischen Freunden nicht möglich gewesen. Für solche Dinge war der deutsche Freundeskreis da. Ich erinnere mich an Lagerfeuer, Stockbrote und Schubkarren, auf denen wir Kinder saßen und unsere Eltern sich ein Wettrennen lieferten.

Die Sommerferien verbrachten wir typischerweise immer in der Türkei. Doch anders als die meisten deutschtürkischen Familien hielten wir uns den Großteil dieser Zeit nicht bei der Verwandtschaft in der Provinz oder in Istanbul auf. Stattdessen kauften sich unsere Eltern ein Ferienhaus an der Westküste, fernab von Istanbul und fernab von muslimischen Verpflichtungen. Dieses Haus symbolisierte uns als autonome Familie. Es schrie der Verwandtschaft ins Gesicht: Wir, Vater, Mutter, Kinder, sind unsere eigene kleine Familie. Unser Familienleben ist nicht an eures gekoppelt. Ihr kontrolliert es nicht.

Touristisch weitgehend unerschlossen, ist die Gegend nahe Izmir bekannt dafür, im Gegensatz zu anderen Teilen der Türkei besonders fortschrittlich zu sein. Hier machten wir auch Urlaub von der Verwandtschaft in Deutschland, die ich als hinterwäldlerisch empfand und die trotz der Grenzen, die meine Eltern ihr setzten, Druck auf unsere Familie ausübte. Hier konnten wir besonders ausgelassen und glücklich sein, den ganzen Tag in Badesachen verbringen, Burger essen, das türkische Bier Efes trinken, abends ausgehen – alles ohne die verurteilenden Blicke von konservativen Muslimen, denen man unter vielen Türken und Deutschtürken begegnet. Hier waren wir befreit von dem Gefühl, wir müssten irgendetwas verdecken oder verstecken. Sei es ein Körperteil oder der Wein im Schrank.

Die Nachbarn in der Ferienhausanlage waren ebenfalls sehr inspirierend. Sie kamen aus weniger konservativen Haushalten aus Istanbul und Ankara und nahmen sich hier eine Auszeit vom Leben in den Metropolen. Zum Glück gab es keine deutschtürkischen Familien, keine herumschreienden Kinder und Eltern also. Die Kinder der vornehmen türkischen Nachbarn waren auffällig leise. Das hier war unsere kleine Gegenwelt zur Parallelgesellschaft in Deutschland.

Auch die Lage unseres Hauses hier in Deutschland ist interessant. Es liegt in einem Stadtteil, der für seine relativ hohe Ausländerrate bekannt ist. Die Gegend ist jedoch wiederum in einen Bereich eingeteilt, in dem Hochhäuser stehen, dort wohnten die »Ausländer«, und einen Bereich mit freistehenden Einfamilienhäusern, in dem wir wohnten, was damals äußerst »untypisch türkisch« war. Wir waren also immer in beiden Welten zu Hause. Für die Deutschtürken, die höchstens zum Spazieren über unsere Straße gingen, waren wir »die, die in der deutschen Straße wohnen«.

Vollständig abgelehnt haben meine Eltern die türkische Welt nie. Sie hatten ein gutes Gleichgewicht gefunden, die zwei Welten zusammenzubringen, indem sie ihren eigenen, autonomen Raum schützten, unsere Tür aber jedem offen hielten, den deutschen Nachbarn genauso wie den verwandten Kopftuchträgerinnen. So habe ich gelernt, jedem Menschen respektvoll gegenüberzutreten.

An meinem achten Geburtstag, dem buntesten Kindergeburtstag aller Zeiten – ich hatte endlich meine lang ersehnte »Töröö-Torte« bekommen –, wurde plötzlich alles anders. Am Abend klingelte das Telefon. Es klingelte irgendwie anders als sonst. Mein Vater hatte einen Motorradunfall. Seitdem wühlt mich das Klingeln eines Telefons innerlich auf, und seitdem feiere ich meine Geburtstage nicht mehr.

Mein Vater hatte sich bei dem Unfall nicht schwer verletzt. Doch die Ärzte entdeckten bei den Untersuchungen, die sie im Krankenhaus durchführten, dass er Krebs hatte. Es folgte eine schwierige Zeit für uns als Familie, die vom Kampf gegen die Krankheit meines Vaters geprägt war. Etwa ein Jahr nach der Diagnose starb er.

Das liberale Leben bekam nach dem Tod meines Vaters einen Knick. Nicht von heute auf morgen, aber in einem schleichenden Prozess verlor unsere kleine Familie ihre Autonomie und rückte näher an die konservativ muslimische Welt heran. Irgendwann war Papas Alkoholschrank verschwunden, an die Stelle vereinzelter weltlicher Bücher im Wohnzimmer traten der Koran und Literatur über den Islam. Mir wurde klar, dass es mein Vater gewesen war, der für das gute Gleichgewicht zwischen freier und konservativer Welt gesorgt hatte. Er war die liberale Säule in meinem Leben gewesen und sein Tod deswegen ein riesiger Verlust für mich.

Von nun an spürte ich immer stärker, dass wir umgeben waren von einer ziemlich konservativen Verwandtschaft, vor der ich keinen Schutz mehr hatte. Meine Mutter ließ die Grenzen verschwimmen und erlaubte der Parallelgesellschaft größeren Einfluss. Es wurde wichtig für sie, was das deutschtürkische Umfeld von uns dachte. Sie machte es zu ihrem Lebensziel, niemals hören zu müssen, sie erziehe uns ohne Mann nicht gut. Meine Mutter war stets selbstbewusst und stand immer auf eigenen Beinen. Offenbar brauchte sie aber eine externe Kontrollinstanz, die das Leben zusammenhielt.

Ich sollte immer weniger ich selbst und immer mehr ein Mitglied der Parallelgesellschaft sein. Weniger deutsch, mehr traditionell türkisch. Weniger Welt, mehr Islam. Der deutsche Freundeskreis trat in den Hintergrund, dafür wurde die muslimische Verwandtschaft zunehmend präsenter. Ihr wurde Raum gewährt. Einmal erfuhr ich erst im Nachhinein, dass meine Mutter in unserem Namen eine Geburtstagseinladung bei unseren Nachbarn abgelehnt hatte, weil die einen Stripper eingeladen hatten. Ich fühlte mich entmündigt. Natürlich wäre ich hingegangen! Aber ich verlor mein Stimmrecht.

Mir fehlte ein Mensch, der mich für das anerkannte, was ich war. Man nahm mich nicht ernst. Mein Vater hatte mich ernst genommen. Ein kleines Beispiel: Als er noch lebte, entdeckte ich, als wir wieder einmal auf dem Weg in den Türkeiurlaub im wartenden Flugzeug saßen, durchs Fenster hindurch unsere Koffer zusammen mit anderen Gepäckstücken auf einem Wagen, der verspätet übers Rollfeld fuhr.

Stolz machte ich meine Eltern darauf aufmerksam, dass ich unter den vielen Koffern unsere erkannt hatte. Meine Mutter schaute nicht hin und sagte, das sei doch Quatsch. Mein Vater schaute hin und sagte: »Das Kind hat recht.«

Schon zu Zeiten meines Vaters verbrachten wir immer zwei bis drei Tage des Sommerurlaubs in Istanbul. Ich mochte die Stadt nicht, weil ich mit ihr ein Haus in Verbindung brachte, in dem vollbärtige Verwandte mit ihren verschleierten Frauen lebten. Ich hatte nie ein gutes Gefühl, wenn wir dieses Haus besuchten. Ich fürchtete es regelrecht. Vor allem als heranwachsendes Mädchen fand ich den obligatorischen Besuch furchtbar unangenehm. Trotz der schwülen Sommerhitze, bei der ich normalerweise so wenig wie möglich anhabe, war es bei den Verwandten in Istanbul Gesetz, zumindest eine lange Hose und ein Oberteil ohne Dekolleté anzuziehen. Anders hätte ich mich neben den Mädchen des Hauses auch nicht wohlgefühlt, denn sie waren verschleiert wie ihre Mütter. Ich wollte nicht, dass sie von mir dachten, ich würde mich für etwas Besseres halten als sie, weil ich mich anders kleidete. Die Kinder waren immer sehr lieb zu mir, und ich spielte gerne mit ihnen. Sie hatten einen Feigenbaum in ihrem Garten, für mich etwas Exotisches, und manchmal hatte gerade eine der Straßenkatzen Babys bekommen und sich mit ihnen in dem Garten des Hauses eingenistet – da war ich dann natürlich hin und weg. Trotzdem hätte ich gerne auf diese Besuche verzichtet. Nicht wegen der Kinder, sondern vor allem wegen der Erwachsenen fühlte ich mich dort selbst in meinen züchtigsten Klamotten immer so, als täte ich etwas Falsches. Doch ich traute mich nicht zu sagen, dass ich dort nicht hinmöchte. So stark war der Zwang, den ich empfand, ohne zu wissen, warum. Spätestens, als ich ein Teenager war, hätte meine Mutter mein Unwohlsein registrieren und mich von diesem Zwang erlösen müssen. Sie spürte meine Abneigung, aber der Besuch bei der mehr als nur unliebsamen Verwandtschaft schien ein Ritual zu sein, durch das jedes muslimische Mädchen durchmusste. Warum auch immer.

Ich möchte meiner Mutter nicht Unrecht tun. Was sie alles für mich und meine Schwester getan hat, ist nicht in Worte zu fassen. Sie hat alles gegeben, damit es uns gut ging. Uns sollte es an nichts fehlen. Sie kutschierte uns jeden Tag in die Schule und zurück, zu Freunden, Hobbys und in die Konzerthallen der Nation.

Deswegen kann sie es auch nicht verstehen, wenn ich mich öffentlich negativ zur Parallelgesellschaft äußere, in der sich viele Deutschtürken von der Mehrheitsgesellschaft isolieren. »Du durftest doch alles!«, heißt es dann, womit sie die Parallelgesellschaft völlig unbeabsichtigt, aber korrekterweise über deren Autorität über Mädchen definiert. Natürlich dürfen auch deutsche Mädchen nicht alles, was sie gerne haben oder machen wollen. In der Parallelgesellschaft hingegen herrscht ein ganz anderer Maßstab für das, was erlaubt oder verboten ist. Hier handelt es sich oft nicht um materielle Dinge oder Vorsichtsmaßnahmen, sondern um eine Frage der Ehre. Es geht dabei nicht um dieselben Werte, um die es den Eltern der Mehrheitsgesellschaft geht, sondern um parallelgesellschaftliche Werte, die das Kind aus Sicht der Eltern zu vertreten hat. Obwohl es sich damit von der Mehrheitsgesellschaft ausschließt. Viele Mädels dürfen abends nicht ausgehen. Von Partys, auf denen auch Jungs sind, darf gar nicht erst gesprochen werden. Natürlich können deutsche Eltern ebenfalls streng sein, etwa im

Hinblick auf Drogen und Alkohol, und natürlich möchten auch sie nicht, dass sich das Kind in falschen Kreisen bewegt. So weit denken die Eltern der Parallelgesellschaft jedoch nicht. Sie begründen ihre Strenge zwar gerne mit Drogen und Alkohol, aber das ist nur ein Vorwand. Es geht ihnen darum, die muslimischen Tugenden zu wahren. Ein Mädchen treibt sich nachts nicht herum, und da wird nicht darüber diskutiert, ob es sich um eine harmlose Hausparty bei einer guten deutschen Freundin handelt – mit deren Eltern man sich ja unterhalten könnte, wenn man sichergehen will – oder ob in einem Club gefeiert werden soll. Folgendes kommt erschwerend hinzu: Sicherlich sollten Eltern Regeln aufstellen, und es ist normal, dass Kinder auch mal gegen diese rebellieren. In der Parallelgesellschaft aber hat eine junge Muslimin erst gar nicht das Recht, mit den Eltern darüber zu diskutieren, was sie darf und was nicht. Sie hat zu wissen, was sie nicht darf. Ich habe meine Mutter um den Verstand gebracht, wenn ich nachgehakt habe. »Dass du dir überhaupt rausnimmst, mich das zu fragen!«, hieß es dann.

Allerdings hatten meine Schwester und ich deutlich mehr Freiheiten als andere deutschtürkische Mädchen. Aber warum musste das der Maßstab für mein Leben sein? Warum sollten nicht deutsche Altersgenossinnen der Maßstab für ein in Deutschland lebendes Mädchen muslimischer Herkunft sein? Oder gar mein ganz eigener Maßstab?

Meine Selbstverwirklichung bedeutete immer eine Respektlosigkeit den Mitgliedern der Parallelgesellschaft gegenüber. So zumindest fassten sie es auf, die Menschen, die sich selbst nicht verwirklichten. Dabei gibt es mit meinem Respekt kein Problem. Jeder Mensch, dem ich begegne, hat erst einmal meinen Respekt verdient. Doch irgendwann merkte ich: Der Respekt, der in der deutschtürkischen Parallelgesellschaft von mir verlangt wurde, beruhte nicht auf Gegenseitigkeit. Respekt war hier eine Einbahnstraße. Ich sah ein, dass ich nicht unbedingt einen Minirock tragen musste, wenn ich Leute besuchte, für die sich das nicht gehört. Aber wenn ich ihn auch dann nicht tragen sollte, wenn dieselben Leute bei uns zu Besuch waren, wurde auffällig: Diese Regel funktionierte nämlich nur in eine Richtung, und zwar in die von »weniger religiös« zu »religiös«. Andersherum galt die Regel des gegenseitigen Respekts nicht. Immer musste ich mich anpassen. Von den anderen verlangte das kein Mensch.

Dieses Spiel haben wir als Familie nach dem Tod meines Vaters mitgespielt, und genau da sehe ich das Problem vieler deutschtürkischer Familien. Sie sind der eigenen Community gegenüber zu tolerant. Echte Toleranz hat Grenzen. Selbst jene, die sich vielleicht mehr Freiheiten wünschen, geben dem Druck der Community nach, weil sie nicht den Mut aufbringen, sich aus den Zwängen zu befreien. Wir müssen lernen, Nein zu sagen. Respekt hat dort ein Ende, wo er einseitig ist.

In der deutschen Öffentlichkeit beobachte ich dasselbe Phänomen: Auch hier herrscht eine spürbare Scheu, Muslime zu kritisieren. Man begegnet ihnen mit derselben Ehrfurcht, wie sie damals in unserer Familie praktiziert wurde, und ich glaube, dass die Mehrheitsdeutschen sich diese Vorsicht von den modern wirkenden Deutschtürken abgeschaut haben. Ich halte das für eine falsch verstandene Toleranz. Es wäre hilfreich, wenn die angeblich so gut integrierten Mitschüler, Kommilitonen oder Kollegen ein Vorbild lieferten, wie man sich den Integrationsverweigerern gegenüber am besten verhält. Das aber ist deshalb kaum möglich, weil selbst moderate Deutschtürken es nicht schaffen, Haltung zu zeigen gegenüber der Unwissenheit, der Feindlichkeit gegenüber dem Westen und der Integrationsverweigerung ihrer Community. Würden hier mehr Deutschtürken echte Verantwortung übernehmen, statt das Integrationsproblem kleinzureden oder gar zu leugnen, dann würde auch die deutsche Bevölkerung weniger unsicher im Umgang mit der deutschtürkischen Parallelgesellschaft agieren.

Durch dieses Versäumnis entsteht viel Verwirrung. Man sieht so viele integriert scheinende Deutschtürken, aber dennoch gibt es das Integrationsproblem. Sollte man nun so tun, als gäbe es keines? Sollte man sich bei seiner Kritik nur auf die äußerlich erkennbaren konservativ-muslimischen Integrationsverweigerer konzentrieren? Ich möchte darauf aufmerksam machen, dass für die Lösung des Integrationsproblems der Blick auf die deutschtürkische Mitte entscheidend ist sowie der Blick darauf, wie diese sich zu den Deutschtürken verhält, die eine klar rückschrittliche Weltanschauung vertreten. Wo zwischen integriert und nicht integriert steht die durchschnittliche deutschtürkische Familie? Wo zwischen hinterwäldlerisch und fortschrittlich? Wo zwischen Orient und Okzident?

Meine Mutter hat es versäumt, unserer deutschtürkischen Verwandtschaft ihre Grenzen aufzuzeigen. Das ging so weit, dass einer ihrer Verwandten glaubte, erst einmal für Recht und Ordnung sorgen zu müssen, wenn er bei uns zu Hause vorbeikam. Er hatte es besonders auf das Jugendzimmer meiner Schwester abgesehen. Sie war Fan der Popgruppen »Take That« und »Echt«, deren Poster an den Wänden ihres Zimmers hingen. Kam der vollbärtige Verwandte zu Besuch, riss er sie ab. Jedes Mal. Das gehöre sich nicht für ein muslimisches Mädchen, erklärte er. Sogar Fotos waren böse. Man könne nicht in einem Zimmer beten, in dem Menschen einem von Fotos entgegenblickten. Anstatt jedoch dagegenzuhalten und ihm diese Eingriffe in die Gestaltung unserer Zimmer zu untersagen, gerieten wir in Panik, wenn er vor der Tür stand. In vorauseilendem Gehorsam nahmen meine Mutter und meine Schwester selbst alle Poster und Fotos von den Wänden. Als wäre dies nicht genug, mussten wir ihm auch noch die Hand küssen, wenn wir ihm die Tür öffneten. Ihm hatten wir den höchstmöglichen Respekt entgegenzubringen. So lernten wir, Unterdrückung nicht nur zu dulden, sondern sie gutzuheißen. Nicht den Mut zu haben, zu uns selbst zu stehen. Unsere Mutter hätte uns vor diesem Barbarentum schützen müssen. Das wäre ihre Aufgabe gewesen. Die Aufgabe muslimischer Eltern in Europa. Aber irgendetwas zwang sie dazu, das Ganze mitzumachen.

Ich hatte eine Cousine, Ceylan, die diesem Verwandten noch schutzloser ausgeliefert war als ich, weil sie ziemlich allein im Leben dastand. Sie wuchs in äußerst schwierigen Familienverhältnissen auf, hatte keinen Erwachsenen, der sich liebevoll um sie kümmerte und ihr Aufmerksamkeit schenkte, um die Schicksalsschläge des Lebens wiedergutzumachen. Oder der ihr etwa Spielzeuge kaufte, an denen sie sich hätte erfreuen könnten, so wie es meine Mama für mich machte. Ceylan war stets auf der Suche nach Halt und Identität. Einmal, in einer Phase, als es für uns Kinder das Größte war, *Diddl*-Sachen zu sammeln, bekam sie ein *Diddl*-Käppi geschenkt. Es wurde Ceylans ganzer Stolz und ihre ganze Freude. Sie projizierte alle schönen Dinge, alles Bunte in diese Mütze, alles, was sie sonst im Leben nicht bekam. Sie nahm das Käppi nicht mehr vom Kopf, was ja niemandem schadete, den besagten Verwandten aber natürlich störte. Eines Tages griff er sich eine Küchenschere, nahm Ceylan ihr geliebtes Käppi vom Kopf und zerschnitt es demonstrativ in mehrere Fetzen. Mutwillig zerstörte er ihre einzige Freude am Leben, ihre Kinderseele. Mir tat das in der Seele weh. Für ihn, den selbst ernannten Gott, war es eine Genugtuung. Er ergötzte sich an der Macht, die er fühlte, wenn er anderen seinen Willen aufzwingen konnte.

Nun ist Grausamkeit natürlich kein spezifisch deutsch-türkisches Problem. Es gibt auch im deutschen Kulturkreis genug grausame Menschen, die zu so etwas fähig sind. Und Eltern, die wegschauen, statt sich mit den Kindern zu solidarisieren. Aber ich bemerkte früh einen Unterschied: Eine deutsche Mutter, die sich schlecht behandeln ließ, erfuhr von ihren Freundinnen Unterstützung. Sie redeten ihr ins Gewissen, sie dürfe sich das nicht bieten lassen, und ermutigten sie, ihr eigenes Recht durchzusetzen. In der Parallelgesellschaft läuft es genau umgekehrt: Hätte meine Mutter ihre Stimme gegen diesen Verwandten erhoben, hätten andere Familienmitglieder sie sofort zum Schweigen gebracht. Innerhalb der Community herrscht Konsens darüber, dass die religiösen und älteren Mitglieder solche Grausamkeiten begehen dürfen. Diesem Mann zu widersprechen, würde bedeuten, gegen die Regeln der deutsch-türkischen Familie zu verstoßen. Nicht nur ist es verboten, ihn wegen seines Verhaltens zu verurteilen, sondern man hat ihm besonders viel Respekt entgegenzubringen. Wer das nicht tut, verstößt gegen die gesellschaftliche Ordnung und gehört nicht dazu. Wir Kinder wurden dazu gezwungen, Respekt für diesen Verwandten zu haben. Obwohl dieser Mann keinen Respekt verdient hatte.

Fatalerweise werden Grausamkeiten wie die dieses Verwandten Kindern gegenüber mit seiner besonders strengen Religiosität begründet. Auf diese Weise wurde uns der Eindruck eines Islam vermittelt, der schwarz und Furcht einflößend ist. Einer Religion, die diejenigen bevorzugt, die ihren Glauben nach außen tragen, und nicht darauf schaut, ob jemand im Herzen gut ist. Moderne Türken, die an das Gute im Islam glauben, an einen Islam, dessen zentrale Botschaft die Nächstenliebe ist, versäumen es, gegen diese Verunglimpfung des Islam in ihrem unmittelbaren Umkreis die Stimme zu erheben. So tragen sie täglich zu dem schlechten Image bei, das an ihrem Glauben haftet. Ich habe dieses Stummbleiben in meinem deutschtürkischen Leben durchweg erfahren und beobachte es noch immer, sei es, wenn ich Verwandte treffe oder mal das türkische Fernsehen einschalte.

Bis heute verhält meine Mutter sich keineswegs eindeutig. Es ist nicht so, dass sie bewusst entschieden hat, sich den Regeln der streng muslimischen Verwandten unterzuordnen. Sie passt sich einfach ihrer Umgebung an. An der türkischen Westküste, in unserem Ferienhaus, fragte sie mich einmal, ob dieser neue Nachbarsjunge, mit dem sie mich gerade vor der Tür bei einer Unterhaltung gesehen hatte, mein neuer Freund sei. In Deutschland hätte ich keineswegs Hand in Hand mit einem Jungen durch die Stadt laufen dürfen. An der türkischen Westküste ist sie die liberale Frau, in Deutschland eine Mutter, die streng über das Liebesleben ihrer Töchter wachen muss, damit wir bei den anderen Deutschtürken ja nicht in Verdacht geraten, uns nicht an deren Regeln zu halten.

Meine Mutter wohnt nach wie vor in dem Haus, das sie zusammen mit meinem Vater gebaut hat. Sie lebt in einer der Etagen und vermietet die anderen. Einer ihrer Mieter ist Eugen, ein alleinstehender Mann. Er ist ein wunderbarer Mensch. Wenn ich mich oben in unserer Wohnung mal vom Parallelgesellschaftlichen erdrückt fühlte, ging ich runter zu Eugen, um Gespräche mit ihm zu führen und etwas deutsche Gelassenheit zu tanken. Eines Tages kam Zehra zu uns zu Besuch. Zehra ist angeblich besonders religiös. Ihre Lieblingsbeschäftigung scheint aber, wie die der meisten anderen besonders religiösen Frauen der Sippschaft zu sein, über andere Frauen zu lästern. Am liebsten über Frauen, die ihren Glauben nicht so sehr nach außen tragen wie sie. Natürlich trägt sie ein Kopftuch, denn sie muss ihre Tugenden ja zur Schau stellen.

In ihrer Freizeit wacht sie über das Leben aller anderen Deutschtürken. Zehra ist besonders neugierig. Diese Neugier ist aber nicht die Neugier auf das Leben, die ich an meinem Vater und seinem Freund Kemal so liebte. Ihre Neugier richtet sich gegen das Leben. Sie brennt dafür, bei anderen Verstöße gegen die Regeln der muslimischen Gesellschaftsordnung zu entdecken. Wir saßen zusammen bei Kaffee und Kuchen, den meine Mama gerne backt. Zehra inspizierte erst einmal skeptisch unsere deutsche Designerküche mit moderner Kochinsel. Dann fragte sie meine Mutter, wem sie denn gerade die untere Einliegerwohnung vermiete. Wie aus der Pistole geschossen, antwortete meine Mutter, dort lebe ein Mann mit Frau und Kindern. So als habe sie sich diese Antwort schon vorher überlegt und zurechtgelegt. Sie konnte nicht zu ihrem selbstbestimmten Leben stehen, in dem ein im selben Haus wohnender alleinstehender Mann keine Gefahr darstellt. Stattdessen beugte sie sich den Zwängen der Parallelgesellschaft, indem sie vorgab, deren Regeln nicht zu verletzen.

In solchen Momenten brodelte es in mir. Sobald Zehra oder ihr Vater unser Haus verließen, ließ ich dann meine ganze Wut über diese Menschen an meiner Mutter aus. Denn sie war es, die mich dazu zwang mitzuspielen. Ich spürte, dass sie das unbedingt wollte. Und ich musste ihr dabei helfen, indem ich stumm blieb. Die Verwandten sollten bloß nicht mitbekommen, dass meine Mutter uns wesentlich liberaler erzog, als es in der Parallelgesellschaft üblich ist. Zwar sah man das äußerlich bereits, aber ein äußerlich modernes Erscheinungsbild muss nicht unbedingt bedeuten, dass man nicht innerlich eine parallelgesellschaftliche Moral pflegt. Den Gedanken, dass wir nicht nur äußerlich, sondern auch vom Bewusstsein her ein westliches Leben führten, konnte sie ihnen einfach nicht zumuten, als würde sie sich vor einem Offenbarungseid fürchten.

Das Stummbleiben in den Momenten, in denen sie sich den archaischen Gesetzen unterordnete und mich mit reinzog, war eine Tortur. Wenn ich dazu ansetzte, den Mund aufzumachen, geriet meine Mutter in Panik und versuchte mich mit Gestik und Mimik zu stoppen.

Zum Beispiel wenn ich innerlich auf die Barrikaden ging, weil sich ein türkischer Mann ohne Manieren, ein Pascha, an unser Tischende setzte, als wäre das eine Selbstverständlichkeit. An den Platz, der eigentlich der meiner Mutter war, wenn wir alleine aßen. Das machte mich wahnsinnig. Derselbe Pascha machte nach dem Essen natürlich keine Anstalten, seinen eigenen Teller abzuräumen, und legte sich stattdessen auf die Couch. Während wir, die weiblichen Gehilfen, die Gott den Paschas dieser Welt gesandt hat, noch am Abräumen waren, beschwerte er sich über die schicke Ledercouchgarnitur meiner

Mutter. Diese war seiner Meinung nach zu klein, zu filigran, zu deutsch für großen türkischen Besuch. Also vereinnahmte er eines der beiden Sitzmöbel ganz für sich selbst, sodass sich meine Mutter mit allen anderen auf die zweite Couch quetschen durfte. Mich widerte dieses Bild in unserem eigenen Haus so sehr an, dass ich mich an den etwas entfernten Tisch setzte und hinter meinem Laptop in eine andere Welt flüchtete oder mich mit Notizblättern eindeckte, um aufzuschreiben, was ich sah. Wenn meine Mutter dann laut darüber nachdachte, neue, größere Sofas zu kaufen, schrie ich sie an: »Wir behalten unsere!«

Sie fühlt sich durch mich zwischen zwei Lagern hin- und hergerissen. Egal, wie Verwandte und Bekannte aus der Parallelgesellschaft sich verhalten, ob sie meiner Mutter und uns Leid zufügen oder sie bloß überwachen und maßregeln: Meine Mutter legt ihnen gegenüber eine zwanghafte Unterwürfigkeit an den Tag. Sie kann nicht anders. Ich musste aber irgendwann erkennen, dass ich nicht nachgeben darf. Die Folgegenerationen der türkischen Einwanderer sind nicht dazu da, die Eltern in ihren kulturellen Zwängen zu bestärken, sondern gegen sie zu rebellieren. Dafür sind Generationenkonflikte da. Nur so entwickeln Kulturen sich weiter.

Die Verwirrung, für die die Deutschtürken sorgen, ist groß. Irgendwie versteht man sich mit ihnen, man kann gut Small Talk mit ihnen führen und mit ihnen lachen. Aber irgendwie hat man zugleich nichts mit ihnen zu tun. In der Schule, auf der Arbeit und auf dem Fußballfeld sind sie präsent, im persönlichen Leben plötzlich nicht mehr. Auf mysteriöse Weise verschwunden. Sie sind Mitschüler, Arbeitskollegen, Kommilitonen und Mannschaftskameraden. Freunde sind sie nicht. Jeder für sich mag denken, das sei nur in seiner eigenen Welt zufällig so. Der türkische Mitschüler, Arbeitskollege, Kommilitone und Mannschaftskamerad sei einfach in einen anderen Freundeskreis eingespannt. Doch tatsächlich spielt sich die Integration lediglich auf der formellen Ebene ab und erreicht von wenigen Ausnahmen abgesehen nicht die persönliche Ebene. Die angeblich gut funktionierende Integration ist somit keine echte Integration, sondern nur eine oberflächliche Scheinintegration.

Oft hört man: »Ich habe einen türkischen Arbeitskollegen! Ist doch alles in Ordnung.«

Vor allem aus Deutschtürken schießt es angesichts meiner Vorwürfe sofort heraus: »Ich habe deutsche Kollegen!«, »Mein Sohn spielt in einem deutschen Fußballteam!«, und damit, glauben sie, können sie schon von sich behaupten, integriert zu sein.

Aber gleichzeitig brodelt es in der deutschen Öffentlichkeit. Die Menschen spüren, dass etwas nicht stimmt und dass die schlechte Integration der Deutschtürken durchaus ein Problem darstellt. Was der Kern des Integrationsproblems ist, weiß jedoch auch die Öffentlichkeit nicht so ganz genau. Die Deutschtürken: Irgendwie modern. Irgendwie Patriarchat. Irgendwie ganz normal. Irgendwie islamistischer Terror.

Das, was für Verwirrung sorgt, ist die Scheinintegration, die viele Deutschtürken den Deutschen vorspielen. Sie geben sich nach außen hin weltoffen und wirken integriert, sind es aber in Wahrheit überhaupt nicht. Seit Erdoğan fühlen sie sich in ihrem Selbstverständnis bestärkt und sehen erst recht keine Veranlassung mehr, sich zu ändern.

Man kleidet sich modisch wie alle anderen Frauen und Männer, längst auch ohne Kopftuch, ist auf dem deutschen

Arbeitsmarkt untergebracht und unternimmt auch mal was. Wenn jemand das Thema Integration anspricht, dann weist man alle Vorwürfe zurück. Man sehe doch, dass man integriert ist. Es gibt demnach gar kein Integrationsproblem. Nach innen hingegen pflegt die Parallelgesellschaft eine Moral, die sowohl fundamentalistisch-religiös als auch archaisch-autoritär geprägt ist. Hinter dem modernen Aussehen verbirgt sich ein patriarchalisches Inneres. Hier sind unglaublich mächtige gesellschaftliche Dynamiken am Werk. Und das Parallelgesellschaftsmitglied arbeitet sich nicht aus ihnen heraus. Man lebt alles »light« – »Islam light«, »Klischee light«, »Gewalt light« – und wiegt sich in dem Glauben, man lebe auf diese Weise einen »modernen Islam«. Dabei ist es nichts weiter als eine an die moderne Lebenswelt angepasste Methode, Rückständigkeit zu verbergen. Fundamentalismus unter einer Maske. Und wenn jemand diese Maske als solche erkennt, reagiert man beleidigt.

»Das ist doch alles erstunken und erlogen!«, warf meine Mutter mir vor, nachdem sie den ersten Zeitungsartikel über mich als politische Bloggerin im *Kölner Stadt-Anzeiger* gelesen und sich eine Zeit lang nicht mehr bei mir gemeldet hatte. Sie habe die Zeitung aus der Hand fallen lassen, als sie die ersten Sätze las: »Für die Familie ist Tuba eine Deutsche. Und das ist kein Kompliment. ›Du bist sogar noch schlimmer.‹« »Aber das hast du mal genau so gesagt, Mama«, warf ich ein. Doch Mama hatte ihre eigene Aussage längst verdrängt. Klingt ja auch wie etwas, das man nicht sagt. So ist die Parallelgesellschaft. Man macht deutschenfeindliche Aussagen, wird man aber darauf angesprochen, dann weiß man davon nichts. Fremdenfeindlichkeit – das ist etwas Deutsches, das kennen wir nicht.

Als meine Verwandtschaft nach der Veröffentlichung des Artikels das nächste Mal zum Tee zusammenkam, gab es bei der Gelegenheit eine Art Krisengespräch. Das teilte meine Mutter mir mit, als sie mich zum Zug zurück nach Köln fuhr. Wir waren fast am Bahnhof angelangt, und sie hatte mich zuvor die ganze Fahrt über mit Schweigen und strafenden Blicken gequält. Man habe nach dem Artikel die Welt nicht mehr verstanden. Man wisse doch, wie ich lebe, und akzeptiere das. Das stimmt in gewisser Weise, doch musste ich mir das hart erkämpfen. Ich habe nie auf die subtile Stimme der Parallelgesellschaft gehört. Hätte ich dem Druck nachgegeben, den sie zwar nicht zur Sprache bringen, um ihre moderne Maskerade zu wahren, den sie einen aber durchaus spüren lassen – ich würde meinen jetzigen Lebensstil nicht führen.

Das »Du durftest doch alles!« klang immer wie ein Vorwurf. So als wäre es keine Selbstverständlichkeit, dass ich mir Dinge für mein Leben wünschte, die für meine Gleichaltrigen normal waren. Ich sah es nicht ein, für diese Dinge kämpfen zu müssen, und musste es eben dennoch. Unterschwellig sagte meine Mutter mir mit diesem Satz, dass jeder Schritt in mein eigenes Leben eine Zumutung für sie war. Jedes Mal von Neuem. Ich war anstrengend. Ein unbequemer Störenfried. Angefangen bei Partys über die erste eigene Wohnung bis zur ersten WG mit männlichen Mitbewohnern. Jeden Schritt in die Mehrheitsgesellschaft beziehungsweise jeden Schritt zu mir selbst empfand sie als Zumutung. Sie warf mir vor, niemand habe ihr je im Leben angetan, was ich ihr angetan habe – ihre Tochter, von der sie sich Solidarität erwartete. Meine Selbstverwirklichung verstand sie immer als Ablehnung. Das war unfair.

Derlei vorwurfsvolle Sätze hören sich auf Türkisch vielleicht weniger hart an, weil sie einfach so dahergesagt werden, als wäre es ein Leichtes, einem Menschen so das Leben schwer zu machen. Wenn ich sie ins Deutsche übersetze, wird ihre Dramatik sichtbar. Eine Dramatik, die der beleidigte Deutschtürke nicht auf sich sitzen lassen möchte. Auch wenn diese Worte genauso aus seinem Mund kamen. »Ich habe dich doch bei allem unterstützt!« Ja, hast du. Aber nie ohne Ach und Weh und nie, ohne mir ein schlechtes Gewissen dabei zu machen.

Im Leben einer Deutschtürkin, die ihr eigenes Leben lebt, gibt es eine Art Steigerung von Forderungen, die der Parallelgesellschaft nicht passen: nachts ausgehen, einen deutschen Freund haben, aus dem Elternhaus ausziehen (ohne dass man es müsste) und so weiter. Immer wieder glaubte ich, das letzte Tabu gebrochen zu haben, aber dann kam bald das nächste. Irgendwann wurde mir bewusst: Diese Liste ist verlängerbar bis in den Tod. Keine türkische Hochzeit feiern, den Kindern deutsche Namen geben, ihnen freistellen, woran sie glauben wollen. Das geht so weiter, bis ich in Deutschland begraben werde oder meinen Körper der Wissenschaft zur Verfügung stelle. Selbst mein Tod wird eine Provokation sein.

Viele Deutschtürken werfen mir vor, ich kritisiere sie zu Unrecht. Ja, ich würde sie absichtlich falsch darstellen. »Das, wovon du da redest, war vielleicht vor über dreißig Jahren so!«, behauptet meine Mutter. Damit meint sie den Umstand, dass die Generation ihrer Eltern, die vorwiegend in den Sechzigern zum Arbeiten nach Deutschland kam, in großen Teilen keine oder nur wenig Schulbildung genossen hat und dass Schulbildung für deren Kinder, die in den Siebzigern teils in der Türkei, teils in Deutschland aufwuchsen, noch keine Selbstverständlichkeit war. Oft kam es vor, dass manche unabhängig von den Empfehlungen der Grundschule ausschließlich in die Hauptschule geschickt wurden. Man wollte, dass sie die Schulzeit möglichst schnell hinter sich brachten, damit der Sohn zum Beispiel mit auf dem Bau arbeiten konnte. Anderen erging es so wie meiner Mutter: Sie wurde in Deutschland eingeschult, doch ihr Vater nahm sie in der vierten Klasse von der Schule. Ein türkisches Mädchen in der Stadt war mit einem Jungen durchgebrannt. Dazu sollte meine Mutter erst gar keine Gelegenheit bekommen, denn schon der kurze Schulweg hätte ihr genau diesen Freiraum eröffnet. Es zerriss mir das Herz, als meine Mutter davon erzählte, wie sie einfach so aus der Schule genommen wurde und morgens weinend ihren Mitschülern auf ihrem Schulweg durchs Fenster hinterhersah.

In Deutschland galt die Schulpflicht lange Zeit nur für Kinder mit deutscher Staatsangehörigkeit. Alle anderen durften die Schule besuchen, mussten es aber nicht. In den Sechzigerjahren änderte man dies angesichts steigender Zahlen von Kindern ohne deutsche Staatsangehörigkeit, die mit den Gastarbeitern kamen. Für die Kinder der Gastarbeiter gab es also bereits die Schulpflicht. Mein Opa, der diese Gewaltentscheidung über meine Mutter später zutiefst bereute, umging das Gesetz, indem er den Behörden erzählte, das Kind lebe in der Türkei. »Aber heute! Heute gibt es so was doch nicht mehr. Heute dürfen alle in die Schule. Und denk an die tollen jungen Frauen und Männer in den Universitäten!« So argumentierte meine Mutter. Ich habe die ach so tollen jungen Frauen und Männer in der Uni gesehen. Einmal hörte ich, als ich in der

Bibliothek an einem deutschtürkischen Paar vorbeiging, wie er seine Freundin warnte: »Du wirst nicht mir, sondern Allah Rechenschaft schuldig sein!« Vorwurfsvoll fragte er sie sodann, was sie nachts um ein Uhr ohne ihn draußen zu suchen gehabt habe. Sie, der dieses Machogehabe wahrscheinlich auch noch gefiel, schaute nur auf den Boden.

Zwei deutschtürkische Mädels, neben die ich mich setzte und die nicht merkten, dass ich Türkisch verstehe, sprachen darüber, wie sie sich verhalten würden, wenn in Deutschland der Jihad ausbrechen würde. Sie waren sich einig: Sie würden kämpfen!

Das Türkische hat viele gute Sprichwörter, die die Deutschtürken sich einmal zu Herzen nehmen sollten. »Schulbildung alleine macht keinen Mann« (»Okumakla adam olmuyor«).

Ja, die Deutschtürken gehen mittlerweile alle in die Schule. Aber was ist die Schulbildung wert, wenn ein Mann trotzdem glaubt, das Leben seiner Partnerin kontrollieren zu müssen? Was ist sie wert, wenn sich junge, mitten in Europa geborene und aufgewachsene Frauen Gedanken über einen Glaubenskrieg machen? Und bei diesem ohnehin abwegigen Gedanken zutiefst überzeugt die Entscheidung fällen: Sie würden gegen ihre deutschen Mitmenschen für den Islam kämpfen. Rein gar nichts ist sie wert, wenn sie nicht gekoppelt ist an eine Bewusstseinsveränderung. Schulbildung alleine ändert nichts an einer Weltanschauung, die im Mittelalter stehen geblieben ist. Fehlender Zugang zur Bildung ist nicht der Grund für das Integrationsproblem in Deutschland.

Auch eine meiner älteren Verwandten, die in die Schule gehen durfte, hat sich trotzdem für eine völlige Deutschenfeindlichkeit entschieden. Dabei hatte sie nicht nur bessere Voraussetzungen als viele andere Deutschtürken ihres Alters, sondern ist außerdem das, was man besonders intelligent nennen würde. Sofern Intelligenz bedeutet, sich Dinge gut merken und sie wiedergeben zu können. Mit ihrem Wissen zum Beispiel über die Weltgeschichte könnte sie so manchen Deutschen locker in die Tasche stecken. Natürlich prahlt sie auch mit ihrem guten Deutsch. Dies und ihre Schlagfertigkeit holt sie blitzschnell hervor, sobald sich eine Gelegenheit ergibt, bei der sie einen Deutschen als Nazi beschimpfen oder einem modernen Türken seine Freiheit madig machen kann. Eine typische Situation: Wir gehen, vielleicht einmal im Jahr, über einen Jahrmarkt. Jedes Mal glaubt sie, an einem der Verkaufsstände beobachtet zu haben, wie ein deutscher Händler einen türkischen Besucher benachteiligt. Derselbe Verkäufer, der mich vor einer Minute erst freundlich bedient hat. Dann lässt sie einen gehässigen Spruch ab und zieht vor sich hinfluchend weiter, und wir dürfen uns den ganzen Tag anhören, was für Hunde die Deutschen sind. Diese Art von Intelligenz ist nichts wert. »Denn natürlicher Verstand kann fast jeden Grad von Bildung ersetzen, aber keine Bildung den natürlichen Verstand«[3], sagte der Philosoph Arthur Schopenhauer.

Mein Vater kam erst mit siebzehn nach Deutschland. Er hatte zwar in der Türkei die weiterführende Schule abgeschlossen, durfte in Deutschland jedoch nicht studieren. Eine alte Freundin von ihm erzählte mir einmal, dass er davon träumte, Kunst zu studieren. Er habe jeden Papierschnipsel als Malfläche für seine kleinen Werke genutzt.

Meine Mutter wäre gerne Apothekerin geworden. Mit ihrem Fleiß hätte sie alles werden können. Das stellte ich fest, als ich einmal einen Ferienjob bei ihr in der Fabrik machte. Anders als manche ihrer Kolleginnen, die jede sich bietende Gelegenheit zur Entspannung nutzten, füllte sie jede Arbeitsminute mit Fleiß. Sobald irgendeine Kollegin Schwierigkeiten mit einer Maschine hatte, übernahm meine Mama das. Sie machte nie halbe Sachen. Selbst zu Hause nicht. Da mussten die Tomaten und die Gurken für den Salat immer in feinere Stücke geschnibbelt werden, als nötig war, und es wurden immer die Kartoffeln gekauft, die noch eine Dreckschicht hatten, damit man sie länger sauber machen musste. Aber sie bekam nie die Gelegenheit, etwas aus ihrem Potenzial zu machen. Als ich ihr sagte, dass es mir wehtut, sie so hart arbeiten zu sehen – sie musste schwere Kartons schleppen –, reagierte sie mit Unverständnis. Sie selbst hat sich darüber nicht ein einziges Mal beklagt. Sie sei nicht nur froh darüber, sondern richtig glücklich damit und gehe jeden Tag gerne zur Arbeit. Was sollte sie denn den lieben langen Tag ohne Arbeit machen – wie ich mir das überhaupt vorstellen würde? Außerdem möge sie ihre Kolleginnen. Andrea, Bärbel, Marie und wie sie alle hießen. Sie sind immer noch da. Die Belegschaft ändert sich höchst selten.

Nach dem Tod meines Vaters bot ihr diese Firma, in der vorher mein Papa gearbeitet hatte, eine Halbtagsstelle an. Damals musste sie ihre Ganztagsstelle in einer anderen Firma aufgeben, um den Familienalltag nun alleine stemmen zu können. Als sie eine Zeit lang sehr viele Überstunden machte und ich trotz ihrer Bemühungen, sich die zusätzliche körperliche Belastung nicht anmerken zu lassen, mitbekam, dass sie wieder länger arbeitete, schimpfte ich sie: »Warum machst du das, Mama, die können euch nicht zwingen, noch mehr zu arbeiten!« Danach fühlte ich mich schäbig, denn sie selbst war eher glücklich als wütend über die Überstunden, die, wohlgemerkt, nicht mit Überstunden in einem Bürojob vergleichbar sind. Meine Mutter sieht sie jedoch als ein Geschenk. Ihre Arbeit in der Fabrik erledigt sie, wie sie auch die Arbeit als Apothekerin erledigt hätte: gründlich. Jede Arbeit ist es für sie wert, gewissenhaft abgeschlossen zu werden.

Als Kind nicht in die Schule gedurft zu haben, das ist nichts, wofür man sich schämen muss. Es ist nichts, was man einem Menschen zum Vorwurf machen kann. Ein türkisches Sprichwort besagt, sinngemäß übersetzt: »Es ist nicht beschämend, nicht zu wissen, sondern nicht wissen zu wollen« (»Bilmemek değil, öğrenmemek ayıp«).

Du kannst ein kleines Kind im entlegensten Dorf der Türkei sein und keinen Zugang zu Bildung haben. Aber du kannst Mut haben und einen eigenen Willen. Du kannst ehrlich sein und Träume haben. Das ist wichtiger und wertvoller als jede Schulbildung.

Der Grad der Integration wird gerne an Zahlen über die Verteilung deutschtürkischer Kinder in den verschiedenen Schulen beziehungsweise die Verteilung erwachsener Deutschtürken auf dem Arbeitsmarkt gemessen. Sicherlich sind gute Zahlen erfreulich. Leider sagen sie nichts über das wirkliche Maß an Integration aus. Integration endet nicht auf dem Bildungs- und Arbeitsmarkt und auch nicht auf dem Fußballfeld, so wie es sich viele in der Parallelgesellschaft wünschen. Das Problem ist all das, was darüber hinausgeht. Die Grenzen der Integration erlebt eine Deutschtürkin, wenn sie, wie ich, eigene Entscheidungen fällt. An diese Grenzen stoße ich immer dann, wenn ich sage: »Weil ich es will.« Wer innerhalb der Community mehr will als das, was nötig ist, um integriert zu scheinen, wird argwöhnisch betrachtet. Was immer Deutschtürken tun, muss also entweder in einem Bezug zur muslimischen oder deutschtürkischen Kultur stehen oder notwendig sein, um als ausreichend modern zu gelten. Alles andere wird von der Parallelgesellschaft nicht akzeptiert. Ich möchte ausgehen und muss erklären, warum. Ich möchte mich lieber mit meinen deutschen Freundinnen treffen und muss erklären, warum. Ich möchte, noch bevor ich heirate, meinen eigenen Haushalt haben und muss erklären, warum. Alles, worauf ich mit »Weil ich es will« antworte, ist für die Parallelgesellschaft inakzeptabel. Der eigene Wille ist für sie keine Legitimation, etwas zu tun.

Ich liebe den Kölner Karneval so, wie ich auch meine Stadt liebe. Davon lasse ich mich nicht abbringen. Obwohl ich sonst selten ausgehe, wird der Karneval bei mir groß gefeiert, seit inzwischen sechs Jahren. Anfangs bin ich damit bei meiner Familie natürlich angeeckt. »Igitt!«, hieß es dort sofort, wenn vom Karneval die Rede war. Karneval sei einfach nur ekelhaft. Besoffene überall. Man kann ja vom Kölner Karneval halten, was man will und muss nicht mitmachen wie so viele, die über die jecken Tage netterweise zu Hause bleiben und uns die Straßen überlassen. Aber die Abneigung der Parallelgesellschaft ist eine andere. Es ist die Abneigung gegen die bunte Vielfalt der liberalen Gesellschaft.

Dabei haben meine Eltern mich als Kind an Karneval durchaus verkleidet. Ich hatte ein Indianerinnenkostüm, das ich liebte. Weniger toll fand ich es, wenn mein Vater mich als Clown schminkte. So entstand ein Foto, auf dem ich aussehe wie der melancholische Hans Schnier aus Heinrich Bölls Roman, *Ansichten eines Clowns,* der still

gegen die deutsche Nachkriegsgesellschaft der Fünfziger-
und Sechzigerjahre rebelliert.

Damals war es also okay, Karneval zu feiern, heute nicht.
Warum? Weil es damals die Karnevalsfeier in der Schule war – im Gegensatz zu heute, wo es keine Schulklasse
mehr gibt, bei der ich mitmachen muss. Heute mache ich es
freiwillig. Weil ich es will.

Ein anderes Beispiel: Ich durfte früher zwar auf Partys
gehen, die wir während des Abiturs veranstalteten, um
Geld für den Abiball zu sammeln, wenn ich aber mit denselben Freunden aus der Schule in die Kleinstadtdisco gehen wollte, dann wurde es problematisch. Ich wusste, meine Mutter würde es mir verbieten – es sei denn, ich log und
erzählte, es handle sich um eine Abiparty. Eine Feier in der
Schulaula war okay. Sobald wir woanders feierten, war es
das Schlimmste.

Alles, was in Verbindung mit der Schule oder der Arbeit steht, ist in Ordnung. Wenn ich hingegen etwas tue,
für das es keinen äußeren Anlass gibt, ist es böse. Das ist
eine wichtige Richtlinie der Parallelgesellschaft. Du darfst
etwas nur tun, wenn es Pflicht ist. Wenn es erforderlich ist,
um in der Mehrheitsgesellschaft nicht anzuecken. Andern-
falls ist es, wie Heinrich Böll schrieb: »Sünde, weil es nicht
Pflicht war.«[4]

Dabei ging es mir gar nicht ums Feiern an sich. Ich feier-
te noch nie besonders gerne, außer es gab etwas, das es zu
feiern galt, einen besonderen Anlass oder Karneval. Lieber
tüftelte ich zu Hause an meinem Schreibtisch an meinen
Träumen. Wenn ich mich mit meiner Mutter darum stritt,
auf eine Party gehen zu dürfen, dann ging es mir also ums
Prinzip. Darum, es zu dürfen. So, wie in diesem Beasty-
Boys-Oldie-Song »You gotta fight for your right to par-

ty«. Es ging mir um mein Recht, auf eine Party gehen zu dürfen.

Die Lebenssituation, die mir am eindringlichsten veranschaulicht hat, wie allergisch die Parallelgesellschaft reagiert, wenn ich einfach nach meinem eigenen Willen entscheide, war der Auszug aus dem Elternhaus. Damals war es das größte Tabu, das ich hätte brechen können. Fast so schlimm wie Sex vor der Ehe. Denn ich hatte mich direkt nach dem Abi noch nicht an der Uni eingeschrieben. Ich wollte auf eine Filmhochschule, doch die verlangte mindestens zwei Jahre Filmerfahrung. Um Regisseurin werden zu können, wurde ich also erst einmal ewige Praktikantin auf Filmsets. Da zwischen den Filmprojekten oft Wochen oder gar Monate lagen und ich dann meist in Hotels untergebracht wurde, wäre ein Auszug also nicht unbedingt notwendig gewesen. Ich wollte aber ausziehen. Ich wollte mein eigenes Leben haben. Ich war bereits zweiundzwanzig und hatte diesem Wunsch bisher meiner Mutter zuliebe nicht nachgegeben.

Wenn jemand von zu Hause auszieht, um zu studieren oder arbeiten zu gehen, ist das in der Parallelgesellschaft mehr oder weniger gesellschaftlich akzeptiert. Auszuziehen ohne triftigen Grund ist hingegen eine Riesennummer. Deswegen, und es tut mir weh, es zuzugeben, habe ich ein wenig so getan, als müsste ich durchgehend in Köln sein. Dabei verabscheue ich es, für den Erhalt einer absurden Gesellschaftsordnung zu lügen, und bis dahin hatte ich mich auch weitgehend geweigert zu lügen, wenn es ums Feiern oder um Männer ging. Aber diesmal drohte mir ein Vorwurf, der größer war als die anderen: Ich würde meine Mama im Stich lassen, und das »nur« um meiner eigenen

Freiheit willen. Noch Jahre später konnte ich meiner Mutter die Wahrheit nicht zumuten: Dass ich nicht ausgezogen war, weil ich musste, sondern weil ich es wollte. Nachdem es mit der Filmschule nicht klappte, habe ich mit der Germanistik und den Medienkulturwissenschaften an der Uni meinen Platz im Leben gefunden. Doch als ich dieses Studium beendete, kam meine Mutter selbst dann noch allen Ernstes auf die Idee, ich müsse jetzt meine Wohnung kündigen und nach Hause zurückziehen. Zumindest war es für sie einen Versuch wert, sich noch mal auf die parallelgesellschaftlichen Normen zu berufen, nachdem die Pflicht erfüllt war und das Wohnen in einem Singlehaushalt ohne die »Schulpflicht« wieder zur Sünde würde. Zum ersten Mal traute ich mich, es zu sagen: »Mama, ich wohne nicht alleine beziehungsweise in einer WG, weil ich es muss, sondern weil ich es will. Du hast mit zweiundzwanzig auch nicht mehr bei deinen Eltern gewohnt. In diesem Alter entwickelt man ein Bedürfnis nach den eigenen vier Wänden. Das hast du vielleicht nicht gespürt, weil du sowieso geheiratet hast und einen gesellschaftlich legitimierten Grund hattest auszuziehen. Aber dafür muss ich nicht heiraten. Ich bin anders als die anderen deutschtürkischen Jugendlichen, die aus Mangel an Mut früh heiraten, um sich einen parallelgesellschaftlich akzeptierten Raum zu schaffen. Mein Wille ist Grund genug, etwas zu tun. Mein Wille braucht keine Legitimation.«

Die Zerrissenheit zwischen den eigenen Wünschen und den Erwartungen der Eltern ist freilich kein rein türkisches Problem. Auch für junge Menschen deutscher Herkunft stellt sie eine Herausforderung dar. Bloß machen türkische Eltern es einem um einiges schwerer. Das ist immer ein ganz besonderer Krampf. Der Unterschied liegt darin, dass türkische Eltern ständig dem Druck der Community ausgesetzt sind, die ein Verhalten billigt oder missbilligt, und diesen Druck oft an ihre Kinder weitergeben. Wenn deutsche Eltern ihren Kindern Freiheiten lassen, dann wird dies von der Umgebung gesellschaftlich akzeptiert. Sie müssen sich Verwandten, Nachbarn oder Freunden gegenüber nicht dafür rechtfertigen. Die deutschtürkischen Kinder aber sind nie nur mit den Erwartungen und Erziehungsprinzipien ihrer Eltern konfrontiert, sondern immer auch mit dieser zweiten unsichtbaren Instanz: den Erwartungen der Community, deren Regeln streng, in mancher Hinsicht rückständig und fragwürdig sind und die einen großen Druck auf die Familien ausüben. Das stärkste Mittel, das die Flüggewerdenden aufhalten soll, ist, ihnen ein schlechtes Gewissen einzureden. Wer sich frei entfalten möchte, sieht sich dem Vorwurf ausgesetzt, seine Familie nicht zu lieben und nicht zuletzt die Deutschtürken zu beleidigen. Ich konnte noch so oft wiederholen und zeigen, wie sehr ich meine Mutter liebte. Trotzdem sollte ich mich schlecht fühlen. Anfangs habe ich meine Mutter jedes Wochenende besucht, doch selbst da konnte ich es ihr nicht recht machen. Seit ich das gemerkt habe, besuche ich sie nur noch ungefähr einmal in zwei Monaten, oder ich schlage vor, bei mir in Köln etwas zu unternehmen. Dort begegnen wir uns auf Augenhöhe, und alles ist viel harmonischer. Dennoch kommen immer wieder Seitenhiebe. Etwa wenn ich etwas in der Küche nicht finde und nachfrage. Wie fremd ich diesem Haushalt geworden sei, dass ich nicht mehr weiß, wo was liegt. Und das, obwohl ich dem Ganzen ohnehin mehr Zeit und Energie schenke als meine Freunde ihren Eltern. Die sind allerdings nicht sofort beleidigt und respektieren das autonome Leben ihrer Kinder. Sie werfen ihnen nicht vor, schlechte Söhne und Töchter zu sein, und sehen nicht sofort das familiäre Verhältnis in Gefahr. Türkische Eltern sind darin sehr schnell, und es braucht viel Energie, sich dieses schlechte Gewissen nicht einreden zu lassen.

Das ist der subtile Druck der Parallelgesellschaft. Offiziell wird einem nichts verboten. Nichts wird laut ausgesprochen. Sodass man niemandem den Druck nachweisen kann, den er ausübt. Psychologische Kriegsführung. Wer sein eigenes Leben lebt, muss sich den Vorwurf gefallen lassen, ein böser Mensch zu sein – mag er sich noch so viel Mühe geben, das Gegenteil zu beweisen.

Meine Schwester, die während ihrer Ausbildung zwar auch allein wohnte, nach Ende dieser Zeit aber brav wieder nach Hause zurückkehrte, ist mittlerweile weitgehend von den Konflikten mit der Parallelgesellschaft erlöst, nicht nur, weil sie verheiratet ist, sondern vor allem, weil sie mit einem strengen Muslim verheiratet ist, der ihr sogar verbietet, alleine ihre Mutter zu besuchen. Würde sie meine Mutter zwei Jahre lang nicht besuchen, wäre das okay. Wenn ich hingegen, unverheiratet und ohne kontrollierenden Mann, mal länger nicht in meine Heimatstadt komme, dann ist das böse. Machotum legitim. Eigener Wille nicht legitim. Willkommen in der Parallelgesellschaft.

Somit wären wir bei dem fehlerhaften Bild der armen, unterdrückten muslimischen Frauen angelangt. Sie werden nicht unterdrückt, sondern unterdrücken sich vor allem selber. Meine Schwester wurde zu nichts gezwungen. Sogar meiner Mutter, die sich durchaus türkisch-muslimische Schwiegersöhne wünscht, war dieser junge Mann eine Spur zu konservativ. Sie hatte sich lauthals gegen ihn gesträubt, weil sie wusste, dass er ihre Tochter unterdrücken würde. Dennoch ist ein Leben in Unterdrückung für sie halb so schlimm wie die Tatsache, dass ich nach meinem eigenen Willen lebe.

Meine Schwester war ein ganz normales Mädchen mit deutschen Freunden. Sie hat sich freiwillig einen strengen Muslim ausgesucht. Kennengelernt hat sie ihn während eines Auslandsaufenthaltes in New York. In einer Millionenmetropole mit wahrscheinlich Millionen großartigen Männern musste es ausgerechnet einer sein, der es ihr noch nicht einmal erlaubt, mit ihrer Mutter und ihrer Schwester in einem Café frühstücken zu gehen. »Die glücklichen Sklaven sind die erbittertsten Feinde der Freiheit«[5], sagte einst die österreichische Erzählerin Marie von Ebner-Eschenbach. Wie wahr. Diese Frauen in Deutschland und Europa, die wir als unterdrückt bezeichnen, wollen gar nicht frei sein. Würden sie es wollen, dann würden sie einen Weg finden. Schließlich leben wir nicht im Iran. Wir bieten ihnen sogar Beratungsangebote. Wir denken an sie. Aber leider denken sie selbst nicht an sich.

Viele von ihnen wirken dabei auch noch emanzipiert. Sie tragen längst nicht alle Kopftuch, sondern kleiden sich modern und fallen nicht auf. Sie wollen sich durchaus als emanzipiert verstehen. Mein Mann erlaubt mir dieses und jenes – so sieht die Emanzipation der Frauen in der Parallelgesellschaft aus. Meine Schwester hat mir wirklich einmal stolz erzählt: »Mein Mann hat gesagt, ich darf ruhig Oberteile tragen, die nur bis deutlich unter den Po gehen und nicht bis unters Knie.« Dabei sah sie aus, als würde sie gleich in die Moschee gehen.

Es fällt mir schwer zu akzeptieren, dass meine eigene Schwester freiwillig einen strengen Muslim geheiratet hat.

Gilt das Prinzip, dass man die Entscheidungen anderer akzeptieren muss auch dann, wenn sie sich freiwillig unterdrücken lassen? Ich jedenfalls bin einfach enttäuscht. Enttäuscht darüber, dass es selbst jungen Menschen scheinbar nicht wichtig ist, aktiv zu einer kulturellen Weiterentwicklung beizutragen. Und enttäuscht darüber, dass sowohl meine Mutter als auch meine Schwester der Überzeugung sind, deutsche Männer seien generell lieblos und kämen niemals als Partner infrage. Davon, dass nicht die ethnische Zugehörigkeit ein Indiz für partnerschaftliche Qualitäten ist, lassen sie sich selbst durch einen Muslim, der aus Prinzip keine Windeln wechselt und Erziehung allein als Frauensache betrachtet, nicht überzeugen. Hauptsache Muslim!

Meine Schwester führt mir auf schmerzliche Weise vor Augen, was ich an der Parallelgesellschaft kritisiere, zu der ich meine Familie eigentlich nicht hinzuzählen möchte: Die Unterdrückung, in der sie leben, ist eine selbst auferlegte Unterdrückung, die man sich und den Deutschen gegenüber schönredet.

Kultur ohne Worte

Ich bin ein Stein und liege im Bett meiner Eltern. Es ist Nacht. Durch den Türspalt schaue ich mir die Uraufführung eines Theaterstücks an, während eine kalte Hand über meinen Rücken streicht. Mich fröstelt. Die Tür ist gerade so weit geöffnet, dass ich sehen kann, wie orientalische Klagefrauen meine Mutter festhalten, die versucht, sich von ihnen loszureißen. Sie schwingt ihren Kopf feurig nach allen Seiten. Die singende Menschenreihe geht einmal von links nach rechts und dann von rechts nach links am Türspalt vorbei. Kleine Pause. Dann noch mal: von links nach rechts und dann von rechts nach links. Meine Augäpfel sind festgefroren und können sich nicht von dem Anblick loseisen. Ich liege, aber werde mit hoher Geschwindigkeit umhergeschleudert. Schließlich bin ich ein Stein. Ich flüstere Worte, die ich nicht verstehe: »Allahım, babama şifa ver!« Erst in späteren Jahren werde ich verstehen, was diese Worte bedeuten, die man mir diktiert hat: Mein Gott, heile meinen Vater. Jetzt spreche ich sie nur nach. Nicht fragen. Beten.

Einer der Erwachsenen merkt, dass ich alles beobachte, und trägt mich die Treppen hoch in die Wohnung der Nachbarn, in ein anderes Bett, in das ich, der Stein, versinke. Auch von hier oben horche ich den Klageliedern. In gleichmäßigen Zeitabständen klingelt es unten an der Tür. Wer es ist, erfahre ich erst in dem Moment, in dem die Person in den Klagechor einstimmt.

Am nächsten Morgen. Ich schaue aus dem Fenster. Sehe durch den deutschen Nebel, wie ein fremder grob geschnitzter Sarg aus unverarbeitetem Buchenholz in unser Haus getragen wird. Es ist passiert, wovor wir uns seit Monaten fürchteten.

Einen Tag später, in Istanbul. Ein dunkelgrüner Wagen kommt näher. Darauf liegt der Sarg mit einem schweren dunkelgrünen Stoff bedeckt, auf dem eine goldene Schrift in arabischen Lettern eingenäht ist. Sie macht mir Angst, weil ich sie nicht lesen kann, die Worte nicht verstehe. Der Wagen hält vor einem Haus, aus dem verschleierte Frauen strömen und sich zu einer klagenden Masse formen, die sich über den Sarg wirft und mich von seinem Anblick verschont. Ich bleibe außerhalb der Masse stehen und schreie.

In den Jahren danach begleitet mich der Tod als eine schwarze, abstrakte Gestalt hinter beziehungsweise etwas oberhalb von meinem Körper. Er ist überall dabei und stört mich nicht.

Je älter ich werde, je mehr Worte ich lese und schreibe, desto diffuser wird diese schwarze Gestalt. Je mehr Worte, desto weniger Tod.

So habe ich den Tod meines Vaters erlebt. Die Krankheit, die man nach seinem Motorradunfall entdeckt hatte, nannten wir zu Haus nicht beim Namen. Es war nur das K-Wort, und wir verwendeten alle Energie darauf, es nicht auszusprechen. Es folgte ein Jahr voller Angst und Schrecken. Ein Jahr, in dem man nicht mit mir sprach. Jeder, der davon hörte, dass mein Vater das K-Wort hatte, brach in ein Geheul aus, das mich schaudern ließ. Bei so vielen Freunden und Verwandten bedeutete das jedes Mal die Angst vor der Reaktion eines weiteren Erwachsenen, der gleich anrufen oder durch die Tür kommen würde. Eine Angst, die ich körperlich empfand, ohne sie zu verstehen. Ohne Erklärungsmöglichkeiten.

Die muslimische Kultur ist eine Kultur ohne Worte. Das Schweigen, das die muslimische Gemeinde pflegt, ist ein Schutz vor der Welt. Indem man nicht über unangenehme Dinge spricht, weicht man unangenehmen Fragen und Antworten aus. Um der Frage nach dem Sinn des Lebens aus dem Weg zu gehen, wird ein riesiges Schauspiel veranstaltet. Denn die Antwort auf die Sinnfrage ist ernüchternd: Sie stellt sich erst gar nicht. Der Natur ist es egal, was wir wollen. Unser Dasein liegt außerhalb unserer Kontrolle, und es würde weniger Geheul geben, wenn wir das akzeptieren und das Beste aus dem Hier und Jetzt machen würden, statt uns mit der Hoffnung auf ein ewiges Leben im Jenseits aufzuhalten. Stattdessen wird ein Bogen um diese Art von Fragen gemacht: Um den gesunden Umgang mit sich selbst, mit anderen, mit Krankheiten, dem Tod und allen anderen Lebensbereichen. Dazu gehört auch die Integrationsfrage. Und wenn diese Dinge dann eintreten, ganz gleich, ob es nun der Tod ist oder jemand, der zum Dialog auffordert, gibt es ein großes Theater. Denn es ist einfacher, sich den Fragen nicht zu stellen. Es ist einfacher, sich nicht mit sich selbst auseinanderzusetzen.

Es ist einfacher, andere für ihre Freiheit zu hassen und sie zu erschießen, oder mit einem Lkw durch eine Menschenmenge zu rasen. Das ist einfacher, als den Mut aufzubringen, die Freiheit auch für sich selbst zu fordern. Es ist einfacher, sich im Anschluss selbst zu erschießen, als seinen Hass abzulegen und an sich selbst zu arbeiten.

Die regressiv muslimische Erziehung lehrt die Fähigkeit zur Lösungsfindung nicht. Stattdessen verschiebt sie die Bewältigung vieler Konflikte ins Jenseits: Wer glaubt, ihm sei Unrecht widerfahren, tröstet sich mit dem typisch parallelgesellschaftlichen Spruch: »Wir werden in der anderen Welt miteinander abrechnen« (»Öbür dünyada hesaplasacağız«). Soll heißen: Ich kümmere mich um ein zwischenmenschliches Problem erst, wenn ich sterbe. Ich trage den Groll bis zum Tod in mir, bis der liebe Gott die

Angelegenheit für mich erledigen und für Gerechtigkeit sorgen wird. Der kriegt das zuverlässiger hin als ich. So staut sich im Leben eines Muslim eine Fülle ungelöster Konflikte an. Das führt dazu, dass er in seiner Eigenwahrnehmung als Opfer durch das Leben geht und Hass gegenüber anderen entwickelt – jenen, die ihr Leben in die Hand nehmen und für sich selbst einstehen. Bei Muslimen in Deutschland zeigt sich das in Form der Integrationsverweigerung. Trifft diese tief sitzende Denkstruktur, die viel Gewaltpotenzial in sich trägt, auf kriminelle Energie, bittere Armut und ideologische Verführbarkeit, dann kann sie sogar zum Terrorismus führen.

Privat bin ich ein deutscher Kopfmensch, aber die gefühlsgesteuerte Türkin in mir lässt der Deutschen keine Ruhe. Sie zerrt an ihrer Leine, versucht, sie vom Licht ins Dunkel zu ziehen und sie vom Thron zu stupsen. Ein Freund sagte einmal treffend über mich: »Du bist der emotionalste Kopfmensch, den ich kenne.«

Ich kann mich nicht einmal selbst ausnehmen, wenn ich diese typisch muslimische Denkstruktur beschreibe. Denn obwohl ich mich als selbstreflektierende Europäerin betrachte, mit einer durchschnittlich bis liberalen deutschtürkischen Familie, ist sie mir ein Stück weit anerzogen worden, was bei mir manchmal zu innerlichen und zwischenmenschlichen Problemen führt. Es kommt schon mal vor, dass ich mich dabei erwische, wie ich hysterisch reagiere, statt mir Mühe zu geben, innezuhalten und eine Lösung zu finden. Man nennt das netterweise »Temperament«. Ich nenne es »die Türkin in mir«. Mein Therapeut nennt es »saricasches Theater« – das Theater um echte Worte herum. Einmal sagte er: »Wie so ein islamistischer Terrorist.« Ich wurde richtig böse. Aber er hatte recht. Ich handelte in dem Moment in denselben Denkstrukturen wie ein Terrorist.

Auch wenn man das nicht möchte, gibt es Dinge, die einen im Leben prägen und leiten, bis man sich damit auseinandergesetzt und sie verarbeitet hat. Bei vielen ist es die Scheidung der Eltern, bei mir ist es der Tod meines Vaters. Dabei war neben dem Verlust des Vaters, den ich im Alter von neun Jahren erlebte und der traumatisch genug war, die Tatsache, dass nicht darüber geredet wurde, ein zusätzliches Übel. Die Weigerung meiner Eltern, mit mir darüber zu reden, was gerade passierte, über das, was bevorstand, und darüber, was ich daraus für mein Leben lernen konnte. Hätte man mit mir geredet, wäre ich schneller erwachsen geworden. Stattdessen löste das Schweigen über das Sterben meines Vaters Probleme aus, die meinen Körper ausschalteten und in eine schwere Depression führten, und so verschob sich mein Leben um diese Zeit. Um die Zeit, die ich brauchte, um zu registrieren, dass ich den Tod meines Vaters nicht verarbeitet hatte. Am Ende musste ein Psychotherapeut für das Versäumnis meiner Eltern und der Kultur ohne Worte herhalten. In der allerersten Therapiestunde saß ich nur da und weinte, ohne zu wissen, warum. Es galt, einen monströsen verworrenen Knoten auseinanderzudröseln – einen Knoten, zu dessen Entstehung ebenfalls die Parallelgesellschaft beigetragen hatte.

Mein Leben fühlte sich an wie ein Turm aus Bauklötzen, bei dem in der untersten Reihe entscheidende Bausteine fehlten. Diese Lücke war mein Vater. Ich musste sie schließen, und zwar aus eigener Kraft. Bevor ich mir die Dinge, die ein Mädchen zusammen mit seinem Vater erlebt und die es von ihm mit auf den Weg bekommt, nicht selbst erarbeitet hatte, würde ich niemanden in mein Leben lassen können. Und das tat ich auch nicht. Ich tat nichts anderes als Dinge, die der Schließung der Lücke dienten. Mein Therapeut hat mich einmal gefragt, ob mein Leben denn aus der permanenten Arbeit bestehe, die Lücke zu schließen, die mein Vater hinterlassen hat. Ich bejahte, ohne zu zögern. Genau das war mein Lebenskonzept.

Viel Schmerz und Einsamkeit im Leben wären mir erspart geblieben, wenn man zum richtigen Zeitpunkt mit mir geredet hätte.

Kinder sind viel reflektierter, als manche Erwachsene, allen voran deutschtürkische Eltern, annehmen. Sie können viel besser mit der Wahrheit umgehen, wenn man sie ihnen schonend beibringt, anstatt ein Geheimnis daraus zu machen. Die richtigen Worte, für die man lediglich etwas Mühe und nicht einmal eine Stunde Zeit gebraucht hätte, hätten so vieles einfacher gemacht. Doch in der Parallelgesellschaft verweigert ein ganzer Kulturkreis das Erwachsenwerden. Das kostet Lebenszeit. Die Mitglieder der Parallelgesellschaft lassen menschliche Ängste, die jeder einmal hat, ein Leben lang ungelöst.

Als mein geliebter Großvater starb, sah ich als mittlerweile junge erwachsene Frau darin die Chance, mir das Stück noch einmal in Neuaufführung anzusehen, diesmal bewusst. Ich flog in die Türkei, um seine Beerdigung mitzuerleben, von der ich wusste, dass sie haargenau so ablaufen würde wie die meines Vaters. Fünfzehn Jahre später also dasselbe Szenario. Ich sah meinen kleinen Cousin inmitten der Klagefrauen sitzen und erkannte als Einzige die Angst in seinem Gesicht, die er zu unterdrücken versuchte. Ich ging zu ihm, warf den Frauen böse Blicke zu und fragte den

Kleinen: »Hast du Angst?« »Ja«, sagte er. Ich sprach mit ihm. Er sollte nicht ohne Worte aufwachsen. Er sollte nicht beten, sondern verstehen.

Der frühe Tod eines Elternteils ist tragisch, und natürlich gibt es nicht türkische Familien, die mit dieser Erfahrung ähnlich überfordert sind, wie meine Eltern. Die es vor allem nicht schaffen, Kinder in dieser Zeit angemessen zu unterstützen und mit ihnen zu reden. Doch das Schweigen meiner Eltern war absolut. Denn die Parallelgesellschaft lässt schon den Gedanken daran, man könnte mit Kindern offen und vernünftig reden, nicht zu. Im Kreis meiner parallelgesellschaftlichen Verwandtschaft wird nicht geredet. Da wird nicht in Diskussionen gemeinsam über das reflektiert, was geschieht. Und genau das behindert uns auch beim Thema Integration.

Die Szene mit Zehra, bei Weitem nicht die einzige, war typisch: Meine Mutter sah mich mit einem halb bittenden, halb drohenden Blick an, als sie merkte, dass es jeden Augenblick aus mir herausplatzen könnte, weil ich die hinterwäldlerische Einstellung eines konservativ-muslimischen Gastes unmöglich fand und etwas dazu sagen wollte. In der Parallelgesellschaft gibt es das nicht: den Dialog. Man will sich nicht mit sich selbst und der Frage nach dem Sinn des Lebens auseinandersetzen müssen und verschont vor allem andere damit.

Diese unzähligen Situationen des Stummbleibens haben mich später im Leben gelähmt. Ich hatte es so sehr verinnerlicht runterzuschlucken, was ich sagen möchte, dass ich diese Haltung selbst anderen Menschen gegenüber einnahm. In Face-to-Face-Gesprächen, sei es in einer Gruppe oder zu zweit, dachte ich an Dinge, die ich in dem Moment eigentlich hätte sagen können, sagte sie aber nicht, weil ich kein Interesse spürte, mich mit anderen zu unterhalten. Tiefenpsychologisch gesehen, war es wohl zu anstrengend, und außerdem passte dieses Verhalten perfekt zu meiner künstlerischen Einzelkämpferseele.

Die ersten Worte für etwas, für das ich bislang keine Worte hatte, las ich in der Schule, versunken in ein Reclam-Heft:

Aufklärung ist der Ausgang des Menschen aus seiner selbst verschuldeten Unmündigkeit. Unmündigkeit ist das Unvermögen, sich seines Verstandes ohne Leitung eines anderen zu bedienen. Selbstverschuldet ist diese Unmündigkeit, wenn die Ursache derselben nicht am Mangel des Verstandes, sondern der Entschließung und des Mutes liegt, sich seiner ohne Leitung eines anderen zu bedienen. Sapere aude! Habe Mut dich deines eigenen Verstandes zu bedienen! ist also der Wahlspruch der Aufklärung.

Faulheit und Feigheit sind die Ursachen, warum ein so großer Teil der Menschen, nachdem sie die Natur längst von fremder Leitung freigesprochen (naturaliter maiorennes), dennoch gerne zeitlebens unmündig bleiben; und warum es Anderen so leicht wird, sich zu deren Vormündern aufzuwerfen. Es ist so bequem, unmündig zu sein. Habe ich ein Buch, das für mich Verstand hat, einen Seelsorger, der für mich Gewissen hat, einen Arzt, der für mich die Diät beurteilt, u.s.w., so brauche ich mich ja nicht selbst zu bemühen. Ich habe nicht nötig zu denken, wenn ich nur bezahlen kann; andere werden das verdrießliche Geschäft schon für mich übernehmen. Daß der bei weitem größte Teil der Menschen (darunter das ganze schöne Geschlecht) den Schritt zur Mündigkeit, außer dem daß er beschwerlich ist, auch für sehr gefährlich halte: dafür sorgen schon jene Vormünder, die die Oberaufsicht über sie gütigst auf sich genommen haben. Nachdem sie ihr Hausvieh zuerst dumm gemacht haben und sorgfältig verhüteten, daß diese ruhigen Geschöpfe ja keinen Schritt außer dem Gängelwagen, darin sie sie einsperrten, wagen durften, so zeigen sie ihnen nachher die Gefahr, die ihnen droht, wenn sie es versuchen allein zu gehen. Nun ist diese Gefahr zwar eben so groß nicht, denn sie würden durch einigemal Fallen wohl endlich gehen lernen; allein ein Beispiel von der Art macht doch schüchtern und schreckt gemeinhin von allen ferneren Versuchen ab. [...]

Immanuel Kant: »Die Beantwortung der Frage:
Was ist Aufklärung?« in der Berlinischen Monatsschrift 1784[6]

Als ich diese Zeilen im Klassenzimmer las, wurde das Diffuse für mich zum ersten Mal greifbar. Ich dachte: Das muss der Grund dafür sein, weshalb Männer in einigen Ländern zu verhindern versuchen, dass Mädchen in die Schule gehen. Sie wollen den Kontakt mit diesen Werten und Worten allgemein unterbinden. Ich dagegen möchte, dass jedes muslimische Mädchen und jeder muslimische Junge diesen Text zu lesen bekommt. Ich war begeistert und begann, mich auf die Suche nach noch mehr Worten zu machen. Ich fand sie in TV-Dokumentationen über den Nationalsozialismus und über Sekten. Später, im Germanistikstudium, las sich die Nachkriegsliteratur für mich wie die Aufarbeitung einer fundamentalistisch-muslimischen Gesellschaftsordnung. Auch aus den ersten deutschsprachigen Romanen aus dem Mittelalter klaute ich mir Worte für die Beschreibung der Parallelgesellschaft. Und besonders gerne besuchte ich Vorlesungen rund um das Thema Aufklärung. Die Welt teilte sich in rational und irrational ein, in Mündigkeit und Unmündigkeit, in Welt und Jenseits, Volk und König. Der sozialgesellschaftliche Umbruch um 1800, mit dem die europäischen Völker den Schritt von einer archaischen zu einer modernen Gesellschaftsordnung gemacht haben, war es, womit sich die muslimische Gemeinde noch heute schwertut. Es ist wie eine Schwelle, gegen deren Überschreiten sie sich mit Händen und Füßen wehrt. Wohlwissend, dass dieser Schritt in unserer global zusammenwachsenden Welt unvermeidlich ist. Dass es sich um eine Entwicklung handelt, der sich auch die Muslime stellen müssen.

In der »funktional ausdifferenzierten Gesellschaft«, wie der Soziologe Niklas Luhmann die moderne Gesellschaft beschrieb, sind Bereiche wie etwa Medizin, Religion, Kunst, Politik, das Bildungssystem voneinander getrennte soziale Systeme, die nebeneinander existieren.[7] Die Deutschtürken der Parallelgesellschaft können diese Bereiche nicht voneinander trennen. Als ich einem Deutschtürken einmal sagte, dass es nicht in Ordnung sei, dass der neue türkische Präsident Politik und Religion vermischt, fluchte er vor sich hin. Die Tatsache, dass die Menschen in meiner Umgebung diese wichtige Trennung nicht vornehmen können, war für mich schwer auszuhalten.

Dabei hatten die Türken ihre eigene kleine Französische Revolution eigentlich schon hinter sich, 1923, mit der Gründung eines demokratischen Nationalstaates, in dem Religion und Staat klar getrennt wurden. Aber ein Teil von ihnen, zu dem insbesondere die Parallelgesellschaft gehört, klammert sich nach wie vor ans Mittelalter.

Ich liebe die Germanistik und werde auf der Suche nach Worten ein Leben lang Germanistikstudentin bleiben. Und das Schreiben ist der vergebliche Versuch, die Kultur ohne Worte mit Worten zu füllen.

Da die muslimische Kultur eine Kultur ohne Worte ist, kann beziehungsweise möchte sie sich nicht selbst beschreiben und erklären, geschweige denn sich selbst kritisieren, um an dieser Selbstkritik zu wachsen. Wenn wir von außen etwas bewirken und etwas für die Integration tun wollen, dann müssen wir uns auf unsere Stärken zurückbesinnen. Deutschland ist nicht ohne Grund das Land der Dichter und Denker und überdies Exportweltmeister. Deutschland ist Deutschland, weil es reich an Worten ist. Worte sind unsere Stärke.

Es scheint mir, als hätte die deutschtürkische Parallelgesellschaft die Zensur, die mir als Kind eingetrichtert wurde, auf die gesamte deutsche Gesellschaft übertragen. Während es okay ist, jeden möglichen Gesellschaftsbereich einschließlich der Kirche zu kritisieren, liegt eine heikle Verkrampftheit in der Luft, wenn es um die muslimische Gemeinde geht. Diese falsche Scheu müssen wir ablegen. Wir dürfen bei dieser Schweigespirale nicht mitmachen. Wenn die muslimische Gemeinde es selbst nicht kann, sollten wir mit gutem Beispiel vorangehen. Sowohl aus Eigeninteresse als auch im Interesse der Muslime, die etwas verändern wollen. Sie können die Hilfe westlicher Gesellschaften gebrauchen, die bereits große Schritte in eine menschenwürdigere Gesellschaftsordnung getan haben.

Die Schutzblase

Um unangenehmen Fragen aus dem Weg zu gehen und sich möglichst wenig integrieren zu müssen, hat ein wesentlicher Teil der Deutschtürken eine Schutzblase entwickelt, in der sie sich bewegen. Diese Schutzblase ist eine Parallelgesellschaft. Sie ermöglicht ein Leben in der Komfortzone. Alles, was das Leben in der Komfortzone gefährdet, wird als böse deklariert. Kritik ist böse, alles Fremde ist böse und das Anderssein ist böse – einfach alles, was sich außerhalb der Schutzblase befindet. Denn Kritik, das Fremde und das Anderssein verleiten dazu, den Blick auf sich selbst zu lenken und am Ende vielleicht infrage zu stellen, ob ein Leben innerhalb der Schutzblase das Richtige ist. Das muss verhindert werden. So werden Kritiker wie auf Knopfdruck zu Nazis erklärt, fremde Kulturen als sündhaft verdammt und aus der Reihe Tanzende gemobbt. Sobald etwas das eigene Weltbild ins Wanken bringt, erfährt es von den typischen Deutschtürken Ablehnung, ganz egal, wie gut man es meint.

Wer die Parallelgesellschaft durchschauen will, muss verstehen, dass alles im Leben ihrer Mitglieder auf den Erhalt der Schutzblase ausgerichtet ist. Deren Wahrung steht immer an erster Stelle. Nichts geht darüber. Das ganze Leben eines typischen Deutschtürken ist auf diese Unversehrtheit der Schutzblase ausgerichtet. Ausnahmslos alles andere hat sich diesem Ziel unterzuordnen.

Die Parallelgesellschaft ist eine Scheinordnung innerhalb der Ordnung der Mehrheitsgesellschaft, also der deutschen Gesellschaft, der europäischen und schließlich der globalen Weltordnung. Sie bringt Stabilität in eine Welt, die so viele Möglichkeiten bietet, dass sie Angst macht – Angst vor der Freiheit. Denn frei zu sein, erfordert die Übernahme von Eigenverantwortung, und diese sind nicht viele bereit zu tragen. Dafür muss man erst einmal selbstbewusst werden, doch sich ein Selbstbewusstsein aufzubauen erfordert mehr Mühe und Arbeit als der Zwang, der in Gemeinschaften herrscht, deren Ordnung durch eine fundamentalistisch ausgerichtete Religion bestimmt wird. Zwang bedeutet Sicherheit. Freiheit muss man lernen.

Da die Demokratie alle Menschen gleich behandelt und Menschen aus anderen Kulturkreisen nicht diskriminiert, ist sie der Feind der Parallelgesellschaft. Die Parallelgesellschaft hat lieber eine faschistische Diktatur, und das, obwohl ihre Mitglieder in einem Land leben, das bereits an einer Diktatur zugrunde gegangen ist. Wenn der Faschismus von einem Türken ausgeht und sich gegen Nichtmuslime richtet, dann findet man ihn scheinbar in Ordnung. Anders als die Demokratie, in der so unangenehme Dinge wie Integration zur Debatte stehen, wünscht eine islamistische Diktatur keine Diskussionskultur und schützt und fördert ihre Schutzblase zusätzlich auf politischer Ebene. Mit Erdoğan dürfen sie ihrem Hass gegenüber der westlichen Welt in aller Seelenruhe nachgeben.

Dabei begann die Geschichte der Einwanderung türkischer Gastarbeiter durchaus positiv und ganz unschuldig. Für uns heute klingt sie nahezu nostalgisch. Denn: Die Isolierung von der deutschen Außenwelt fing erst später an. Die ersten Einwanderer – es waren Männer – taten Dinge, die die Deutschtürken heute niemals mehr tun würden. Sie beteten zum Beispiel in den Kirchen – Hauptsache es war ein Haus Gottes. Ihr Fleisch kauften sie beim deutschen Metzger – heute unvorstellbar. Gestorben sind sie daran nicht. Mein Großvater erzählte amüsiert von lustigen Szenen, wenn sie ein Huhn nachahmten, um dem Metzger ohne Deutschkenntnisse deutlich zu machen, von welchem Tier das Fleisch sein sollte.

Heute ist das alles leider nicht mehr so. Die christliche Welt wird akribisch von der muslimischen getrennt. So als gäbe es keine wichtigeren Unterscheidungen auf der Welt. Als ich nach meiner ersten eigenen Wohnung mal die Erfahrung machen wollte, in eine WG zu ziehen, und meiner Mutter davon erzählte, fiel ihr keine wichtigere Frage ein als die, wie ich denn das Problem lösen wolle, dass meine deutschen Mitbewohner Schweinefleisch in den Töpfen zubereiten würden. Ob ich dann eigene Töpfe benutzen würde? Ich sagte Nein. Für mich war die Hauptsache, dass ich mich gut mit meinen Mitbewohnern verstand.

Auch das Betreten einer Kirche hat heute etwas Verbotenes. Es ist, als würde man Sünden auf sich laden, wenn man als Muslim eine Kirche ohne Grund oder gar zum Beten betritt. Aber selbst wenn man nur zum Besichtigen etwa in den Kölner Dom geht, den man ja mal gesehen haben muss, oder in eine andere große Kirche, wenn man eine neue Stadt erkundet und die Kirche dort zu den obligatorischen Touristenspots gehört, muss man zumindest im Nachhinein seine Distanz zum Christentum ausdrücken. Zum Beispiel indem man sich darüber lustig macht, gerade auf dem Beichtstuhl gewesen zu sein, um seine Sünden dort abzulegen. Und dann muss der scherzhafte Spruch folgen: »Das nächste Mal, wenn du in eine Moschee gehst, wird sie über dir einstürzen!« Dabei am besten ganz laut lachen. Bloß nicht andächtig dabei werden, während man davon erzählt!

Zwischen damals und heute muss also etwas passiert sein. Je mehr Familienangehörige und Landsleute nach Deutschland kamen, desto mehr kreierte man sich ein auf die eigene Welt zugeschnittenes Angebot, desto geringer wurde das Interesse an Integration. Der Gang in die Kirche erübrigte sich nicht nur, sondern wurde zu etwas Bösem.

Auch in meiner Heimatstadt ist die Parallelwelt sichtbar. Das ist mir besonders aufgefallen, als ich nach längerer Zeit zum ersten Mal wieder hinfuhr, um ein Wochenende im Wellnesshotel Mama zu verbringen. Auf der Fahrt konzentrierte sich mein Blick auf das veränderte Stadtbild: Zwischen den gewohnten alten Gebäuden und Geschäften blitzten neue Läden mit besonders hässlichen Werbetafeln auf. Es waren deutschtürkische Bäckereien, Supermärkte, Friseursalons und Imbissbuden. Nun ist es niemandem zu verübeln, dass er sich das passende Angebot beziehungsweise die passenden Produkte etwa für die aus der Heimat gewohnte Küche wünscht, und schließlich erfreut sich das ganze Land an einem vielfältigen Angebot und türkischen Gerichten. Außerdem ist auch die Tatsache, dass sich so viele Deutschtürken selbstständig machen, erfreulich, denn der Schritt in die Selbstständigkeit erfordert zugleich ein Stück weit Integration – nicht nur, weil geschäftliche Kontakte die Beherrschung der Landessprache voraussetzen, sondern vor allem, weil man sich mit dem deutschen Staat und seinem Recht auseinandersetzen muss. Die berufliche Selbstständigkeit müsste eigentlich eine selbstständige Geisteshaltung lehren – Unternehmergeist eben. Doch der typische Deutschtürke schafft es, auch diese wunderbare

Chance und Gelegenheit zur Integration nicht zu nutzen und stattdessen die Schutzblase auszubauen. Schon allein die Namensgebungen für die Geschäfte sprechen oft nur die Deutschtürken an. Die Tatsache, dass auch der ein oder andere Deutsche den Laden betritt, weil die Produkte für ihn interessant sind, ist bloß ein Nebeneffekt, hinter dem sich der Geschäftsinhaber tarnen kann, indem er behauptet, dass seine Ladentüren ja jedem offen stehen. Aber besonders Mühe gibt er sich mit den deutschen Kunden augenscheinlich nicht, wenn er eine Außenwerbung anbringt, die lediglich türkischsprachige Menschen verstehen können.

Zum Beispiel gibt es in meiner Heimatstadt eine bei den Deutschtürken beliebte türkische Bäckerei, die »Nur Bäckerei« heißt. »Nur« ist ein türkischer Frauenname sowie die Kurzform für »Nursi«, das geistliche Oberhaupt der Fethullah-Gülen-Bewegung. Der Name der Bäckerei drückt also entweder Ehrerbietung gegenüber der Tochter des Inhabers oder gegenüber einem Sektenführer aus. In beiden Fällen war es dem Ladeninhaber wohl egal, wie sich das »Nur« für einen Deutschen anhört, nämlich wie »nichts weiter als eine Bäckerei«. Jedes Mal, wenn ich an diesem Laden vorbeifahre, empfinde ich es als diskriminierend, wie hier die Sprachwelt des Landes, in dem das Geschäft sich befindet, außen vor gelassen wird.

Die Deutschtürken haben ihren eigenen wirtschaftlichen Markt entwickelt. Sie leben in einer Welt, in der Deutsche nicht einmal eine Rolle spielen.

Dabei ist eine breite Produktauswahl doch nicht allein für die Deutschtürken und andere Muslime, sondern für alle eine Bereicherung. Warum »Nur Bäckerei« für die Deutschtürken und nicht so etwas wie »Frühstück vom Bosporus« für alle? Meine Heimatstadt ist zu einer Stadt mit zwei Gesichtern geworden. Da ist einmal das Gesicht der Heimat, des Ortes, an dem wir groß geworden sind, den wir langweilig fanden und verlassen haben, der aber trotzdem immer da ist und uns auffängt, wenn wir ihn brauchen. Dann ist da das andere Gesicht. Das konservativ-muslimische. Warum nicht ein einziges Gesicht? Warum nicht Einigkeit? Warum kein gemeinsames Stadtbild?

Die Parallelgesellschaft funktioniert wie ein Netzwerk. Ähnlich wie bei einer Kirchengemeinde fühlen die Deutschtürken sich untereinander verbunden. Diese Verbundenheit ist jedoch mehr als die Freude, die man empfindet, wenn man etwa im Ausland jemandem aus dem eigenen Kulturkreis begegnet, was ja verständlich ist. Diese Verbundenheit geht darüber hinaus. Sie wird von einem verlangt. Als Deutschtürkin wird von mir erwartet, dass ich alle Deutschtürken liebhabe, selbst wenn ich sie nicht liebhabe, ja sogar dann, wenn ich sie nicht einmal kenne. Ich muss mich anderen Deutschtürken gegenüber stets solidarisch zeigen. Ich möchte mich aber Menschen gegenüber solidarisch zeigen und nicht einer Herkunft oder Religion. Mit Deutschland haben wir schließlich bereits eine Solidargemeinschaft für alle und mit Europa eine noch größere. Eine kleinere brauche ich nicht.

Eine typische Situation, in der ich spüre, dass das der deutschtürkischen Solidargemeinschaft nicht passt, erlebe ich, wenn ich an einen Kiosk gehe, der einem Deutschtürken gehört, ohne dass ich türkisch mit ihm spreche, weil ich weiß, dass ich sonst in ein langes Gespräch verwickelt werde. Manchmal laufe ich einfach gerne unerkannt durch die Welt und kleide mich entsprechend unauffällig oder neutral. Ist mir doch danach, den Kioskbesitzer mit einem türkischen Wort zu überraschen, wird auf die nette Art mit mir geschimpft. Warum ich mich denn nicht gleich als Türkin zu erkennen gegeben habe, heißt es dann.

Das kommt nett daher, aber ich spüre den Druck dahinter. Das deutschtürkische Zusammengehörigkeitsgefühl ist ins Extreme ausgeartet, es engt mich ein, und es nimmt hässliche Ausmaße an, wenn man es weiterdenkt. Die Mitglieder der Parallelgesellschaft setzen nämlich voraus, dass jeder Deutschtürke so denkt wie sie, und sie glauben sogar, dass sie einen Anspruch auf dich haben. Typische Deutschtürken verstehen sich als kleine Soldaten, die damit beauftragt wurden, andere Deutschtürken zurechtzuweisen, die aus der Reihe tanzen.

Ich stecke gerade lustigerweise in einem kleinen Dilemma bei der Suche nach einer Änderungsschneiderei, weil sich die Schneider in meiner Nähe als Soldaten der Parallelgesellschaft entpuppt haben. Der erste Schneider in meinem nahen Umkreis ist ein Deutschtürke, der es mir übel nahm, dass ich sagte, ich käme ursprünglich aus einer Provinz in der Türkei, statt zu sagen, ich käme aus einer Provinz in der Türkei, ohne das »ursprünglich«. Für ihn war das ein Zeichen, dass ich meine Herkunft verachtete, dabei hatte ich ohnehin versucht, die Frage in seinem Sinne zu beantworten.

Der zweite Schneider schaute immer komisch, wenn ich Röcke kürzen ließ, die an sich schon kurz waren. Jetzt suche ich einen neuen Schneider, muss aber aufpassen, dass meine Mutter das nicht erfährt, weil sie von mir verlangt, dass ich selbst kleine Änderungen bei unserem deutschtürkischen Verwandten in meiner Heimatstadt vornehmen lasse – sechzig Kilometer von Köln entfernt, wo ich lebe. Selbst in Köln holt mich die Parallelgesellschaft also ab und zu ein. So als wäre sie hinter mir her.

Das Sozialleben

Das Sozialleben des typischen Deutschtürken findet innerhalb der Schutzblase statt. Es besteht in der Regel aus Freizeitaktivitäten, bei denen man so gut es geht einen Bogen um die Begegnung mit Deutschen macht. Auf Unternehmungen, die Deutsche mit einschließen, lässt man sich nur ein, wenn es sein muss. Der Pool an möglichen Freizeitaktivitäten bleibt somit überschaubar.

Der deutschtürkische Mann, der sich als Macho versteht, verbringt seine Freizeit am häufigsten im sogenannten »kahve«, der sogenannten Teestube. Dort wird bei Kaffee und Tee Fußball geschaut und Backgammon oder Okay, ein türkisches Brettspiel, gespielt. Es ist überdies der perfekte Ort, um den neuesten Klatsch und Tratsch über deutschtürkische Mädchen zu verbreiten. Dabei gelten Ehemänner, die bei jeder Gelegenheit in die Teestube gehen, statt Zeit mit ihrer Familie zu verbringen, in der Community als besonders männlich.

Als Frau soll man nicht vor einer Teestube entlanglaufen. Wenn dein Weg an ihr vorbeiführt, dann hast du sie als gute deutschtürkische Frau trotzdem zu meiden. Sonst flüstert es aus der Teestube heraus: »Schlampe!« Es ist eines von vielen ungeschriebenen Gesetzen in der Parallelgesellschaft.

Trifft man Familie und Freunde, dann, wie bereits erwähnt, meistens innerhalb der eigenen vier Wände. Im Sommer dürfen sich diese Zusammenkünfte auch mal nach draußen verlagern – in den Garten oder in einen Park. Hin und wieder ist sogar ein Restaurant- oder Kinobesuch erlaubt. In Kneipen oder Biergärten geht man als typischer Deutschtürke selbstverständlich nicht. Da sind Deutsche.

Mit der Tatsache, dass das Ausgehen bei vielen deutschtürkischen Jugendlichen, vor allem bei den jungen Frauen, anders als bei ihren deutschen Altersgenossen, keine Rolle spielen darf, geben sich viele von ihnen einfach zufrieden. Sie drehen dann zu Hause in ihren Zimmern Musik auf, um mit Freundinnen zu tanzen. Erst wenn sie einen Verlobten haben, dürfen sie offiziell am Nachtleben teilhaben. Oder sie gehen heimlich aus dem Haus. Ich weiß nicht, was davon bescheuerter ist.

Der einzige Ort, an dem es dem Mitglied der Parallelgesellschaft ohne jeden Einwand erlaubt ist zu feiern, ist die deutschtürkische Hochzeit. Sie fällt entsprechend groß aus und gleicht nicht ohne Grund einem Massenevent. Da man sich in der Parallelgesellschaft einander zugehörig fühlt, zählen eben nicht nur Familie und Freunde, sondern auch entfernte Verwandte und Freundesfreunde zu den Angehörigen. Schließlich gilt es, die Gelegenheit zu nutzen, sich hübsch zu machen und einen relativ ausgelassenen Abend erleben zu dürfen. Und so fliegen die Grillhähnchen regelrecht durch die Luft, mit denen die Masse an ungeladenen Gästen versorgt wird.

Hier, am nahezu einzigen Ort der Sozialisierung außerhalb der eigenen vier Wände, dürfen Paare unter Beobachtung der Parallelgesellschaft miteinander tanzen. Allerdings bloß verlobte oder verheiratete Paare. Paare, die noch nicht den Segen der Community haben, dürfen sich auch hier nicht als Paar outen und müssen tunlichst darauf achten, einen Sicherheitsabstand zu wahren, damit ja niemand etwas merkt. Immerhin befinden sie sich hier unter einem Dach – dem Dach einer lieblos zu einem Festsaal umfunktionierten Industriehalle, in der sich die Parallelgesellschaft versammelt hat.

Die deutschtürkische Hochzeit ist der Ort des Sehens und Gesehenwerdens. Ein Sammelplatz für Klatsch und Tratsch – ein gefundenes Fressen für die Tratschtanten und -onkel. Hier wacht die Moralpolizei.

Je mehr ich die deutschtürkische Hochzeit als einen Spiegel der Parallelgesellschaft begriff, desto stärker mied ich sie und brach mit der Anwesenheitspflicht. »Tuba mag keine Hochzeiten mehr«, lautete eine der ersten Feststellungen über meine immer klarer werdende Ablehnung der Parallelgesellschaft, mit der sich meine Mutter abfinden musste.

Es scheint ein Gesetz zu geben, das vorschreibt, wie man eine Hochzeit feiert. Wer sich nicht daran hält, übt Verrat an der Parallelgesellschaft. Dabei haben sich dieselben Bräuche in der Türkei inzwischen längst gelockert. Dort denken mehr Türken wie ich. Unter den Türken in Deutschland stehe ich alleine.

Das Zeremoniell beginnt damit, dass der Bräutigam mit seiner Familie im Gefolge die zurechtgemachte Braut aus dem Elternhaus abholt. Meist hat die Braut dort tatsächlich noch bis zu diesem Tag gelebt, sodass diese Tradition nicht nur symbolischen Charakter hat – was schon schlimm genug wäre –, sondern sich mit der Realität deckt. Ein fließender Übergang vom Leben unter dem Dach der Eltern in ein Leben unter dem Dach des Ehemannes ist nicht die Ausnahme, sondern die Regel. Bei ein paar letzten, ganz besonders frommen Deutschtürken zieht die Braut sogar noch bei den Eltern des Ehemannes ein, der meist ebenfalls nicht alleine wohnt. Dort kann sie ihre Pflichten als Braut am besten erfüllen, indem sie die Eltern des künftigen Gatten bedient. Danach, wenn die Familie des Bräutigams genügend Kohle aufbringen konnte, um die Frau aus ihrem jungfräulichen Zimmerchen freizukaufen, folgt der nächste Schritt: Sie trägt ein breites rotes Seidenband um ihre Hüften über dem beißend weißen Brautkleid, das ein männlicher Angehöriger, am besten der Vater, sonst der Bruder oder ein Onkel der Braut, unter dem Blitzlichtgewitter aus der Kamera des Hochzeitsfotografen und privaten Handykameras durchschneiden darf. Hat was von einer Eröffnungsfeier. Darin zeigt sich das archaische Verhältnis der Muslime zur Sexualität, die einerseits ein Tabu ist, andererseits von der ganzen Gemeinde überwacht wird.

Auf der Tanzfläche der Industriehalle rennen währenddessen schreiende Kinder herum, die in mir den Wunsch nach eigenen Kindern vorerst ruiniert haben.

Auch die Rolle der Deutschen in der Parallelgesellschaft spiegelt sich auf einem deutschtürkischen Hochzeitsfest wider: Sie ist so mickrig klein wie die Anzahl der deutschen Gäste auf dem Fest, und selbst wenn sie sich untereinander nicht kennen, werden sie an einen Tisch gesetzt – den »Deutschentisch«. Es gibt ihn auf jeder deutschtürkischen Hochzeit. Die deutschen Gäste bringen dem Spektakel weitaus mehr Toleranz entgegen als ich. Sie können sich für die aus ihrer Sicht immerhin »exotischen« Eindrücke begeistern. Irgendwann naht der größte Fremdschäm-Moment: Die Hochzeitsgesellschaft bildet eine Schlange, um dem Brautpaar ihre Geldgeschenke oder Gold zu überreichen. Dabei ruft ein Mann die Namen der Gäste und den Geldbetrag oder die Art des Goldschmucks laut ins Mikro, damit auch ja alle hören, wer wie viel mitgebracht hat. 100 Euro von der Familie Kaya! 50 Euro von Soundso! Und dann: Ein geschlossener Umschlag von »den deutschen Freunden« des Bräutigams. Ihre Namen sind irrelevant.

Dienen die Hochzeitsfeiern den Deutschtürken als Nachtclubersatz, so kam mir auch das ohrenbetäubende Geleier der Hochzeitsband immer wie eine Art Konzertersatz vor. Auf den Konzerten indes, die ich besuchte, war weit und breit keiner von den jungen Leuten zu sehen. Ein bisschen machte mich das traurig, ein bisschen gefiel mir das. Sollten sie mich doch in Ruhe lassen.

Alles, was man als Deutschtürke unternimmt, soll der Aufrechterhaltung der Schutzblase förderlich sein. Aktivitäten innerhalb der Moschee kommen daher in der Parallelgesellschaft besonders gut an. Für die üblichen Anlässe wie das bescheuerte Beschneidungsfest, die Trauerfeier, Gebetsstunden, bei Eheschließungen oder der Geburt eines Babys stehen in einer Moschee neben dem Gebetsraum Räumlichkeiten zur Verfügung, die neumodisch muslimisch für gemeinnützige Aktionen genutzt werden, wie zum Beispiel den »kermes«, einen Spendenmarkt, auf dem vorwiegend Essen verkauft wird, es aber auch kleine Gewinnspielaktionen gibt. Bei solchen in der Parallelgesellschaft als neuartig gehandelten, in Wahrheit jedoch erzkonservativen Festen beobachte ich die Frauen, wie sie mit leuchtenden Augen Tische und Stühle tragen, große Mengen Essen kochen und es so schnell an Hunderte Gäste verteilen, als wären sie Gastroprofis. Und denke, wie toll es wäre, wenn sie dasselbe Herzblut in gemeinsame Aktivitäten mit Deutschen stecken würden.

Bloß gehören Deutsche nun einmal nicht in die Schutzblase. Mit denen gibt man sich allerhöchstens auf einem Kulturfest oder beim Fußballturnier der Kinder ab, auf dem man mit seinen Kochkünsten prahlen darf, um danach, wenn man wieder allein unter Deutschtürken ist, die eigentlich so schöne Erfahrung als Sieg in einer Schlacht des ewigen Gegeneinanders zu verbuchen: »Unser Essen war viel beliebter als das der Deutschen!« Oder: »Die Deutschen haben den Hals nicht voll davon gekriegt!« Und das dient dann als Beleg dafür, dass man integriert ist.

Allzu gerne beschweren sich die typischen Deutschtürken über das soziale Leben in Deutschland. In ihren Augen gibt es das nämlich gar nicht. Das ist eine Phrase, die mir als Deutschtürkin immer wieder begegnet, und jedes Mal, wenn ich es höre, denke ich mir: Na, ist ja kein Wunder, dass es für dich kein soziales Leben gibt, wenn du nicht dran teilnimmst. Integration fängt mit der Eigeninitiative desjenigen an, der in ein fremdes Land einreist. Wenn ich etwa nach China fliege und mich dort einleben möchte, dann erwarte ich nicht von den Chinesen, dass sie mich bei der Hand nehmen und mich in die chinesische Welt einführen. Den ersten Schritt muss ich selbst tun, muss Bereitschaft und den Willen zeigen, mich zu integrieren. Dann erst wäre es die Aufgabe des Chinesen, mir das Gefühl zu geben, willkommen zu sein. Solange ich Angebote nicht annehme, kann ich mich auch nicht darüber beschweren, man würde mich nicht integrieren.

Von den sozialen Angeboten in der Türkei hingegen schwärmen die Deutschtürken. Sie nehmen sie wahr, denn anders als in Deutschland werden die Freizeitangebote hier natürlich von Türken beziehungsweise Muslimen initiiert.

Die parallelgesellschaftliche Logik lautet also: Freizeitangebote existieren nur dann, wenn sie vom eigenen Kulturkreis angeboten werden. Stehen hinter denselben Freizeitangeboten in Deutschland deutsche Initiatoren, sind sie nicht existent. Dabei ist das Freizeitangebot hier mit Sicherheit breiter gefächert und vor allem zugänglicher als in der Türkei. Anstatt ihr eigenes Versäumnis wahrzunehmen, schüren die Deutschtürken eine Anti-Deutschland-Stimmung und behaupten, es gebe in Deutschland kein soziales Leben.

Ich erinnere mich gut an den Kommentar eines unserer deutschtürkischen Gäste: Weil meine Mutter die benachbarte Wohnung an Deutsche vermietete, bemerkte er: »Schade, dass du keine türkischen Nachbarn hast! Mit denen könntest du bei schönem Wetter zusammen im Garten sitzen.« Dass man auch mit deutschen Nachbarn befreundet sein und bei schönem Wetter mit ihnen im Garten sitzen kann, kam diesem Gast nicht in den Sinn.

Außerhalb des Karnevals ging ich selten feiern. Wenn mir aber in meinen Twenty-somethings doch einmal jenseits der jecken Tage danach war, gab es meinen Lieblingsschuppen, das Flanagans in der Kölner Altstadt.

Im Flanagans konnte ich mit meinen zerrissenen Jeans-Hotpants, einem am Bauch zusammengeschnürten Karohemd und meinen abgenutzten Chucks aufkreuzen, so schön unperfekt und heruntergekommen, wie es der Laden selbst war. Die Kneipe gehörte einem irischen Riesen mit roten Haaren und voluminösem Bart, der einem keltischen Fantasyroman entsprungenen zu sein schien. Das Flanagans spielte mindestens einmal am Abend mein Lieblingslied »Mr. Brightside«, bei dem ich herumhüpfte, als wäre ich alleine zu Hause.

Die Männer dort waren toll. Egal ob arm oder reich – vom karriereorientierten BWLer bis hin zum kreativen Lagerfeuerromantiker waren sie alle sie selbst, und das machte sie sympathisch. Ein einziges Mal traf ich jemanden, der mir unangenehm war, und ausgerechnet der war ein Deutschtürke. Er hatte sich wohl bei seinem Weg auf die Kölner Ringe ins Flanagans verirrt und sah seine Aufgabe leider darin, das Klischee des muslimischen Machos erfüllen zu müssen. Ein kleiner Soldat. Einer, der hier in meiner Welt bitte schön nichts zu suchen hatte.

Es fing harmlos an. Etwas unerwartet setzte er sich mit einem Freund neben meine Freundin Melanie und mich, während wir in ein Gespräch vertieft waren. Melanie ist sehr tolerant in Bezug auf Männer, die sie auf der Straße oder an einem öffentlichen Ort anmachen. Während ich dazu neige, in solchen Situationen schnippisch zu reagieren, bleibt sie höflich und nett – schließlich, erklärt sie, sei es doch eigentlich etwas Schönes, wenn dir jemand seine Aufmerksamkeit schenkt und dir ein Kompliment macht, und man sollte Männer deswegen nicht gleich schroff mit einem »Lass mich in Ruhe!« beleidigen. Das habe ich von Melanie gelernt. Seitdem schenke ich Männern im Vorbeigehen zumindest ein Lächeln oder sage »Hi«, anstatt herablassend zu werden. Ich bemühe mich also, die Männerfeindlichkeit abzulegen, die mir kulturell anerzogen wurde.

So ließ ich auch den deutschtürkischen Jungen nicht gleich abblitzen, sondern hielt mich selbst dazu an, nicht vorschnell zu urteilen, obwohl ich bereits wusste, dass ein deutschtürkischer Mann nichts für mich war. Als er mir aber etwas zu schnell etwas zu nahe kam, wies ich ihn schließlich zurück. In diesem Moment der Ablehnung bewahrheitete sich mein Vorurteil, denn er entpuppte sich als der frauenfeindliche Macho, den ich in ihm vermutete.

Plötzlich war er der Meinung, ich hätte als türkische Frau im Haus meiner Eltern zu sitzen und ihr Besitz zu sein, bis einer wie er kam und mich zu seinem Besitz machte. Jetzt, da ich ihn ablehnte, sagte er mir, ich solle gefälligst meine Beine nicht so zur Schau stellen, indem ich meine Knie am Kneipentisch abstützte und meine Füße baumeln ließ. Dieser Mensch, den ich vor gerade vier Minuten zum ersten Mal in meinem Leben gesehen hatte, erlaubte es sich, mir zu sagen, was ich mit meinen schönen Beinen zu tun und zu lassen hatte. Er war nicht mein Vater, nicht meine Mutter, nicht mein Freund (selbst die könnten mir nichts vorschreiben) – er war ein mir wildfremder Mensch, mit dem ich nicht mehr gemeinsam hatte, als derselben Spezies innerhalb des Tierreiches anzugehören. Und dieser Mensch machte mir gerade Vorschriften. Ich hielt das kaum aus. Es brodelte in mir, vor allem weil es für ihn ganz normal zu sein schien, einer wildfremden Frau zu sagen, was sie zu tun hat. Er glaubte das, weil er einfach so davon ausging, dass ich muslimischen Glaubens war – nur weil ich mich als Türkin zu erkennen gegeben hatte. Das zeigte mir, dass er eine Weltansicht vertrat, in der ein Mensch sich nicht aussuchen darf, woran er glaubt.

Die Unterscheidung zwischen Nationalität respektive Herkunft und Religion fehlt in der Parallelgesellschaft völlig. Als Türkin musste ich seiner Meinung nach an Allah beziehungsweise an einen Gott glauben, der es mir verbot, Spaß zu haben. Er sah es gar nicht als nötig an, mich zu fragen, woran ich glaubte, denn er ging ja davon aus, dass sein Glaube auch mein Glaube war. Dass das, woran er glaubte, für mich ebenfalls bindend war – für jemanden,

den er nicht kannte. Ich fragte ihn, woher zur Hölle er sich das Recht nahm, mir vorzuschreiben, was ich tat? Ich wollte wissen, warum er sich dazu berufen fühlte, der Hüter meiner Vagina zu sein. Aber der Typ verstand meine Frage nicht. Er empfand sein Handeln als normal, weil er es nicht anders kannte. Schließlich hielt er sich ja nur an Regeln – nämlich an die Regeln der Parallelgesellschaft, zu der er mich automatisch dazuzählte – und kapierte daher nicht, was er falsch gemacht hatte. Er erhob sich und hielt dabei die Hände vor seinen Körper und damit zwischen uns. Mit dieser Geste warf er mir vor, einen gut gemeinten Rat nicht angenommen zu haben. Als wäre ich es, die in ihre Schranken gewiesen werden musste, und nicht er.

Vorbilder

Deutschtürkische Institutionen, Verbände sowie einzelne Persönlichkeiten sollten sich eigentlich für die Integration einsetzen. Leider ist oft das Gegenteil der Fall. Sie erwecken den Anschein, modern zu sein, übertünchen damit aber, dass sie die Integration in Wahrheit nicht nur nicht fördern, sondern im Gegenteil die Integrationsverweigerung noch unterstützen. Sie bestärken die Deutschtürken förmlich darin, in ihrer Schutzblase zu verweilen. Wie die Minderheit, die sie vertreten, sind sie in den Strukturen der Parallelgesellschaft gefangen, und sie machen wenig Anstalten, aus ihnen auszubrechen. Dabei liegt das Gelingen der Integration in ihren Händen, denn anders als die deutsche Mehrheitsgesellschaft genießen sie im deutschtürkischen Kulturkreis ein hohes Ansehen. Doch sie nutzen ihre Vorbildfunktion nicht, um etwas zu verändern – im Gegenteil: Sie stellen sicher, dass alles so bleibt, wie es ist, oder noch schlimmer wird. Diese deutschtürkischen Institutionen und Personen sind leicht zu erkennen: Fragt man sie nach den Ursachen für die Integrationsverweigerung, dann machen sie immer die angebliche Fremdenfeindlichkeit der Deutschen dafür verantwortlich.

Selbst deutschtürkische Verbände, von denen die deutsche Regierung hofft, dass sie die Integration fördern, sind in Wirklichkeit Integrationsbehinderer und -verhinderer. Auch sie bestärken die Deutschtürken in ihrer Schutzblase, statt die Probleme zu thematisieren. Sämtliche Integrationsräte werden von Deutschtürken besetzt, die nicht das tun, was getan werden müsste: die deutschtürkische Community in die Verantwortung zu nehmen.

Es gibt eine deutschtürkisch-muslimische Organisation, deren Namen jedem Deutschtürken ein Begriff ist: die DITIB. Ich wusste als Kind nicht, was das genau war. Das Wort hatte irgendetwas mit dem Tod zu tun und mit dem, was sie mit meinem Papa gemacht haben. Irgendwie gehörte die DITIB zu dieser deutschtürkischen Welt und schien unanfechtbar. Eine von mehreren parallelgesellschaftlichen Autoritäten, die man bloß nicht infrage stellen durfte.

Etwa einmal im Jahr kam ein formeller Brief der DITIB zu uns nach Hause. Irgendwann nahm ich allen Mut zusammen, um zu fragen: »Mama, was ist die DITIB eigentlich?« Ich hoffte darauf, dass meine Mutter davon ausging, ich würde diese unangebrachte Frage aus kindlicher Naivität stellen ohne negative Hintergedanken, und es funktionierte. Sie erläuterte, alle Deutschtürken zahlten hier wie bei einer Versicherung ein, und die Organisation finanziere dann im Gegenzug aus diesem Topf die im Todesfall anfallenden Kosten für die deutschtürkischen Beerdigungen. Und sie fügte hinzu: »Das ist etwas Gutes.« Innerlich schrie ich ihr ins Gesicht: »Das ist gar nichts Gutes!«

Später recherchierte ich, um die Struktur hinter dem Ganzen zu verstehen: Die DITIB, das Kürzel für die Türkisch-Islamische Union der Anstalt für Religion e. V., ist die bedeutendste deutschtürkische Organisation in Deutschland. Der türkische Staat, der zumindest bis dato Religion und Staat streng laizistisch trennte, hat für die Verwaltung und Koordination aller religiösen Institutionen einschließlich der Moscheen eine einzige Behörde eingerichtet, das sogenannte Präsidium für religiöse Angelegenheiten (Diyanet). Die DITIB ist der deutsche Ableger der Diyanet und für die Betreuung der in Deutschland ansässigen türkisch-muslimischen Gemeinden zuständig. Zum Beispiel bestimmt sie, welcher Imam in welcher Moschee tätig sein soll.

Was mich allerdings mehr interessierte als Dinge, von denen ich mich weitgehend fernhalten konnte – wie zum Beispiel Moscheen –, war die Auslandsüberführung von deutschtürkischen Leichnamen, für die meine hart arbeitende Mutter immer wieder Geld einzahlen musste. Denn dieser Obulus wird einem als Deutschtürke einfach auferlegt. So und nicht anders hat man beerdigt zu werden.

Die deutschtürkische Bestattungstradition sieht vor, dass der Leichnam in einem provisorischen Sarg im Frachtraum eines Passagierflugzeuges in die Türkei transportiert wird. Dort wird er zunächst in eine Moschee gebracht, in der für den Toten gebetet wird, bevor im Haus von Verwandten Abschied genommen wird, um den Deutschtürken schließlich auf dem Friedhof einer Stadt zu beerdigen, die sein ganzes Leben lang seine imaginäre Heimat war.

Organisationen wie die DITIB sind deswegen integrationsbehindernd, weil sie den Deutschtürken einreden, die Türkei sei ihre Heimat. Doch was für die erste Generation stimmen mochte, weil sie dort geboren und aufgewachsen war und einen wesentlichen Teil ihres Lebens dort gelebt hatte, stimmt für die zweite Generation, die in der Türkei geboren wurde, teilweise dort aufwuchs, aber den wesentlichen Teil ihres Lebens in Deutschland gelebt hat, nur noch halb. Die dritte Generation der Deutschtürken jedoch, die hier geboren und aufgewachsen ist und ihr ganzes Leben hier verbracht hat, macht sich etwas vor, wenn sie behauptet, dass sie die Türkei als ihre Heimat empfindet.

Die DITIB lässt die Deutschtürken in dem Glauben, Deutschland sei nicht ihre Heimat. Ich empfand die DI-TIB schon damals als einen Integrationsverhinderer. In den letzten Jahren aber, mit der zunehmenden Machtausweitung Recep Tayyip Erdoğans, hat sich diese Tendenz noch verstärkt. Denn die Einrichtung ist letztendlich dem Präsidenten, der einem Alleinherrscher immer ähnlicher wird, untergeordnet. Sie soll seine Visionen umsetzen, und die Vision Erdoğans für die Deutschtürken ist nun einmal eine, die der Integration schadet.

Wichtig ist zu verstehen, dass sich die typischen Deutschtürken allem und jedem sofort völlig ausliefern, der sich zum Islam bekennt. Organisationen, Verbände, Vereine und Firmen sowohl gemeinnütziger als auch kommerzieller Art unterstützen sie bedenkenlos, wenn diese sich ihnen als besonders fromm verkaufen. Sobald also jemand an der Tür klingelt und sagt: »Hallo, wir sind gute Muslime, helfen Sie uns mit Ihrem Geld«, sind sie dabei. Der Deutschtürke, der gelernt hat, sich selbst zu entwaffnen, wenn jemand streng Muslimisches vor ihm steht, bietet sich ihm nicht etwa aus Angst, sondern aus voller Gönnerschaft und Stolz zum Futter an. Er würde ihm das Geld noch hinterherwerfen. Alles würde er ihm abkaufen. Die Deutschtürken nennen es Solidarität.

Ich habe beobachtet, wie die deutsche Öffentlichkeit unter den Personen »mit Migrationshintergrund« händeringend nach Vertretern suchte, die einen ehrlichen Einblick in die Parallelgesellschaft geben würden. Schließlich gab es so viele, auch deutschtürkische Persönlichkeiten, die ihre Position dazu nutzen konnten, etwas zu verändern. Aber sobald man sie etwa in Talkshows einlud, entpuppten sie sich ebenfalls als Integrationsverweigerer und versteckten sich hinter dem Schutzschild des »bösen, fremdenfeindlichen Deutschen«, genau wie die Parallelgesellschaft, zu der sie doch eigentlich nicht zu gehören schienen. Keiner von ihnen sprach die Probleme des eigenen Kulturkreises an wie zum Beispiel die Fremdenfeindlichkeit der Deutschtürken gegenüber den Deutschen. Mir sträubten sich jedes Mal die Haare, wenn ich das mit ansah. Bei der Suche nach einer deutschtürkischen oder nur muslimischen Persönlichkeit, die einem endlich die wahren Gründe für das Scheitern der Integration nennen würde, ging man sogar so weit, dass man einen Gangsterrapper namens Bushido zum Musterbeispiel gelungener Integration erklärte. Einen Gangsterrapper! Jemanden, der mit seinen homophoben (»Ganz egal, was du denkst, du bist nur schwul!«[8]), frauen- (»Ich boxe auch Frauen, das ist Emanzipation«[9]), fremden- (»Ich verkloppe blonde Opfer«[10]) und demokratiefeindlichen (»F*** das Grundgesetz«[11]) Texten nichts als Schaden anrichtet.

Besonders enttäuschend finde ich die zurückhaltende Haltung der deutschtürkischen Comedians, Kabarettisten und Moderatoren. Trotz der Sympathie, die man ihnen entgegenbringt, nutzen sie ihre Vorbildfunktion und ihr Talent zur Satire nicht dazu, ihre Landsleute zu fordern; stattdessen reiten sie ebenfalls auf dem bösen Deutschen herum. Damit werden sie ihrer Rolle als Künstler und Brückenbauer nicht gerecht. Auch hier ist leider keine Hilfe zu erwarten.

Also befragt man die Mitglieder des deutschtürkischen Ablegers der Erdoğan-Partei AKP, der sogenannten (festhalten!) Union Europäisch-Türkischer Demokraten (UETD), zu der heiklen Situation in der Türkei unter Erdoğan. Das ist so, als würde man bei Nazis um Rat fragen, wie man sich zur AfD oder NPD verhalten soll. Warum spricht man mit den Fanboys eines islamistischen Diktators? Sie nennen sich Demokraten, obwohl sie genau das Gegenteil von Demokratie wollen. Es ist immer wieder dieselbe Masche: Die Islamisten von heute verstecken sich hinter einem modernen Deckmantel. Diese scheinbar aufgeklärten Islamisten unter uns sind gefährlicher als etwa die Islamisten mit Vollbart im fernen Afghanistan, weil sie unseren Kindern in Deutschland und Europa zum einen antidemokratisches Denken einimpfen und uns zum anderen mit ihrem modernen Erscheinungsbild täuschen.

Deswegen müssen wir vorsichtig sein und aufhören, Demokratiefeinden eine Plattform zu geben. Um zu verhindern, dass junge Menschen sich diese zum Vorbild nehmen.

Das Gleiche gilt für deutschtürkische Fußballer. Auch sie gelten als Vorbilder für Integration, selbst wenn sie ihre Cousine heiraten, was eine eigentlich längst überholte muslimische Tradition ist, die die Parallelgesellschaft in ihrer Schutzblase neu bestärkt.

Ich habe bisher keinen Nationalspieler erlebt, der seine besondere Position dazu genutzt hätte, wirklich etwas für die Integration zu tun. Fußballer müssen sich nicht für Integration interessieren und dafür einsetzen, nur weil sie zu Superstars geworden sind. Ob sie der Verantwortung nachkommen wollen, die ihre Bekanntheit mit sich bringt, ist ihre eigene Entscheidung. Aber sie sollen doch bitte nicht als Vorbilder für Integration hingestellt werden, wenn sie keine sind. Wenn sie für ein von Fans weltweit mitverfolgtes Spiel auf dem Fußballfeld stehen und sich im Bewusstsein ihrer Verantwortung trotzdem weigern, die Nationalhymne mitzusingen, dann sind sie keine Vorbilder.

Erfolg im Sport ist eben noch lange kein Zeichen für Integration. Wenn sich ein deutschtürkischer Fußballprofi weigert, die deutsche Nationalhymne mitzusingen, dann sendet er der Jugend völlig falsche Signale. Diese scheinbar unbedeutende Geste verrät in meinen Augen, dass er wohl zu feige ist, sich gegen die antideutsche Stimmung der deutschtürkischen Gemeinde zu stellen. Durch das Mitsingen könnte er hingegen damit brechen und auf diese Weise zum Ausdruck bringen: Ich gehöre zu Deutschland und darf erhobenen Hauptes die deutsche Nationalhymne singen! Ich habe keine Angst vor euren Beschimpfungen und eurem Spott! Dass er dies nicht tut, zeigt, dass er genauso engstirnig ist wie ein großer Teil der deutschtürkischen Bevölkerung. Die Botschaft, die der ihn bewundernde, kleine deutschtürkische Fan daraus entnimmt, ist: Ich brauche mich nicht zu Deutschland zu bekennen und darf in meiner Schutzblase bleiben.

Das Verweigern der Nationalhymne damit zu begründen, dass man seinem »Heimatland« gegenüber nicht respektlos sein will, zeugt davon, dass man es einfach nicht verstanden hat. Die Nationalhymne ist keine Nazihymne. Warum sollte ein Land sich beleidigt fühlen, wenn jemand sich zu Deutschland bekennt? Warum sollte jemand, der seine Liebe zu Deutschland zum Ausdruck bringt, damit zugleich Polen oder eben die Türkei verschmähen? Die Deutschtürken müssen sich von diesem einfachen Denkschema verabschieden, und es wäre hilfreich, wenn ihre Vorbilder den Anfang machen würden. Sonst bleibt der Fußballsport, der eigentlich Kulturen verbinden und Integration fördern könnte, ein Integrationsverhinderer.

Medienkonsum

Ein fester Bestandteil der Parallelgesellschaft ist der übermäßige TV-Konsum. Nun gehört Unterhaltung zum Leben dazu, und die Deutschtürken sind mit Sicherheit nicht die Einzigen, bei denen der Fernseher den ganzen Tag läuft. Doch der übermäßige TV-Konsum der Deutschtürken hat auch in Bezug auf die Integration einen negativen Einfluss. Denn der Parallelgesellschaft fehlt der kritische Blick auf die Medien völlig (nur wenn es um die deutschen Medien und ihre Berichterstattung über Erdoğan geht, mutiert der Deutschtürke plötzlich zum Medienkritiker und erklärt, die Nachrichten seien manipuliert). Ansonsten halten sie alles, was auf Papier steht oder im Fernsehen läuft, für bare Münze, als hätten diese Inhalte nicht fehlbare Menschen aus Fleisch und Blut gemacht, sondern der Mediengott. Für die Parallelgesellschaft gibt es ihn wirklich, und sie ist daher noch anfälliger für politische Manipulation und empfänglicher für Werbung, als die Menschen es ohnehin schon sind.

Der übermäßige Konsum von schlecht gemachtem TV führt zudem zu einem übertrieben negativen Bild von der Außenwelt. Abgesehen von den Grausamkeiten, die in den türkischen Nachrichten über den Bildschirm flimmern, ist der Deutschtürke, der sowieso dazu neigt, alles außerhalb der Schutzblase abzulehnen, täglich über das Trash TV einem negativen Bild vom westlichen Leben ausgesetzt, das auf ein von K.-o.-Tropfen, übermäßigem Alkoholkonsum und Drogen geprägtes Nachtleben reduziert wird. So fühlt sich der Deutschtürke in der Annahme bestätigt, es sei besser, zu Hause zu bleiben. Die völlig überzogene Sorge typisch deutschtürkischer Eltern, gepaart mit der Gewohnheit traditionell muslimisch geprägter Familien, besonders die jungen Frauen streng zu überwachen, findet so ihre Rechtfertigung.

Jenen, die das Misstrauen des kleinen Mannes gegenüber der Welt, in der er lebt, größer und ihn selbst noch kleiner machen wollen, nützt es, das Nachtleben und die Außenwelt pauschal zum Hort des Bösen zu erklären. Diese Außenwelt soll der Deutschtürke lieber meiden. Je mehr die Menschheit mit unnötigem Blödsinn beschäftigt wird, desto unpolitischer wird sie und dementsprechend empfänglicher für einfache Antworten. Daran erfreuen sich auch der grausame deutschtürkische Verwandte und populistische Parteien. Nicht umsonst ist Panikmache so beliebt bei der AfD und ihrem türkischen Pendant, der AKP. Die einen beschwören das Horrorszenario einer Übernahme des Westens durch die Muslime herauf, die anderen wettern gegen den Alkoholkonsum der Ungläubigen.

Das Fernsehverhalten des typischen Deutschtürken spiegelt ziemlich gut dessen Integrationssituation wider: Er lebt gedanklich nicht in Deutschland, sondern in der Türkei – also informiert er sich hauptsächlich aus den türkischen Medien. Umso bedauerlicher, dass diese nach der schleichenden Machtergreifung Erdoğans immer mehr an Neutralität verloren haben.

Als im Sommer 2013 die GEZI-Proteste stattfanden, bei denen aufgeklärte Bürger auf die Straßen gingen, um sich gegen die zunehmende Unterdrückung zu wehren, vermieden die großen TV-Sender es zunächst, darüber zu berichten.

Auf diese Weise halfen sie der Regierung indirekt dabei, der einfachen Bevölkerung weiszumachen, es sei alles in Ordnung und alle seien glücklich mit der schleichenden Islamisierung. Sie taten erst einmal so, als wäre nichts passiert.

Als die Ausmaße der Ausschreitungen sich nicht mehr verbergen ließen und der Versuch seitens der TV-Sender, den Protest zu ignorieren, nach weiteren Protestwellen auffällig wurde, berichteten sie darüber wie über ein Randereignis, um ihrer eigenen Klientel gegenüber ihr Gesicht nicht zu verlieren.

Ich war während der Proteste in meinem Zuhause in Köln, wo ich zuerst durch *Spiegel Online* von ihnen erfuhr, schaute dann auf Facebook, um über meine türkischen Facebook-Freunde Näheres herauszubekommen. Ich verfolgte das Ganze mit Herzrasen und freute mich, wenngleich die aussichtslose Lage der in der Türkei für ihre Freiheit kämpfenden Menschen mich traurig machte. Ich freute mich nicht zuletzt deshalb, weil endlich auch die deutschen Medien darauf aufmerksam geworden waren, dass da unten etwas nicht stimmte, und weil sie nun anders als viele ihrer türkischen Kollegen darüber berichteten. Wir sahen die schrecklichen Bilder. Wir sahen Polizisten, die brutal auf einen auf dem Boden liegenden Demonstranten eintraten und ihn zudem von einem Erdoğan-Fan verprügeln ließen[12]; wir sahen, wie sie mit ihrem Tränengas nicht einmal vor einem Krankenhaus haltmachten[13] und wie der damalige Gesundheitsminister der AKP (der später sogar zum Minister für Arbeit und soziale Sicherheit ernannt wurde) Strafanzeige gegen Ärzte und Medizinstudenten stellte, weil sie den vielen Verletzten geholfen hatten.[14]

Als ich aber am darauffolgenden Wochenende meine Mutter besuchte, schien es, als wäre nichts gewesen. Im

Fernsehen lief *ATV*, der Sender einer Mediengruppe, die von Erdoğans Schwiegersohn aufgekauft wurde und zu der unter anderem auch der Nachrichtensender *NTV* und eine der größten Zeitungen, die *Sabah*, gehören. Hier wurde von den Protesten als einer unbedeutenden Randerscheinung berichtet. *CNN Türk* wiederum, ein Sender, der einer weiteren türkischen Mediengruppe und dem US-amerikanischen Konzern Time Warner gehört (dessen Superhelden-filme und *HBO*-Serie *Girls* ich liebe), zog es vor, eine Dokumentation über Pinguine zu senden. Auch der staatliche öffentlich-rechtliche Sender *TRT* war von der Propaganda verseucht und keine Alternative mehr. Dort zeigte man wie so oft die Mutter eines gefallenen türkischen Soldaten, die sich über dem Sarg die Augen ausheulte, mit dem gewohnten dazugehörigen O-Ton der Moderatorin: »Wir trauern um einen Märtyrer, der bei einem niederträchtigen Gefecht in den Bergen Ostanatoliens sein Leben gelassen hat.« Von den Niederträchtigkeiten, die mitten in Istanbul und Ankara geschahen, war keine Rede. »Mama, weißt du, was in den Städten gerade abgeht?«, fragte ich verwirrt. Aber meine Mutter sagte mit einem schnippischen Unterton: »Was denn? Ist doch nichts passiert. Ein paar Randalierer, Ungläubige und Terroristen.« Aus meiner Mutter sprach Recep Tayyip Erdoğan.

Selbst eine türkische Kommilitonin an der Uni, die ich in einem Einführungskurs über die neuere deutsche Literatur kennengelernt hatte und die Deutsch auf Lehramt studierte, kommentierte ein an der Eingangstür unseres Seminargebäudes hängendes Flugblatt abschätzig. Das Flugblatt erinnerte an Berkin Elvan, einen fünfzehnjährigen Jungen, der nur kurz das Haus verlassen hatte, um Brot zu holen, als ihn die Kugeln aus einer Waffe der Polizei trafen: »Schau mal, wie die versuchen, die Deutschen auf ihre Seite zu ziehen«, sagte sie. Mir blieb mein Pausenbrot fast im Halse stecken. Eine angehende Lehrerin in Deutschland, die bald vor allem deutschtürkischen Schülern ein Vorbild sein wird, fand es offenbar völlig in Ordnung, dass die Polizei im Auftrag einer islamischen Regierung den Tod eines unschuldigen Kindes in Kauf genommen hatte. Eines Kindes, das Erdoğan im Übrigen einen Terroristen nannte, so wie er alles und jeden einen Terroristen nennt, um das Volk auf seine Seite zu ziehen. Aus Trotz darüber, dass man sich mit dem Jungen und nicht mit ihm solidarisierte.

Innerlich hatte ich der Kommilitonin in dem Moment schon die Freundschaft gekündigt, überlegte aber noch, ob ich meine Enttäuschung offen zum Ausdruck bringen sollte. Denn ich hatte sie bis dahin für eine der wenigen deutschtürkischen Studentinnen gehalten, die anders waren. Mit großer Mühe unterdrückte ich meinen Ärger, setzte mich in der Vorlesung neben sie und erläuterte ihr meine Position: Wie wichtig ich gerade bei dem Beruf, den sie anstrebt, die damit verbundene Verantwortung finde. Ich bat sie, die Situation in der Türkei und die problematische Integrationssituation in Deutschland mit einem kritischen Blick zu betrachten. Schließlich würden die Schüler, besonders die deutschtürkischen, zu ihr aufschauen und ihre Sicht auf die Welt möglicherweise übernehmen. Deswegen, sagte ich, wünschte ich mir, dass sie ihre Meinung zumindest einmal überdenkt.

Während ihrer Ausbildung hatte man ihr die besondere Verantwortung, die Lehrer für die Zukunft unseres Landes haben und mit der sie lernen müssen umzugehen, bevor sie auf Kinder losgelassen werden, offenbar nicht beigebracht, geschweige denn in ihrer deutschtürkischen Familie.

Ich hatte damit gerechnet, dass ich auf eine Mauer stoßen würde – auf die typisch deutschtürkische Ablehnung von Kritik. Aber das Mädchen dachte über meine Worte nach. Bei der gemeinsamen Lektüre eines wissenschaftlichen Textes, in dem es um Rhetorik und die damit verbundene Gefahr ging, hob sie ihren Blick und nickte mir lächelnd zu.

Generell sind typisch deutschtürkische Eltern bei ihrer Erziehung wenig vorsichtig, was den Medienkonsum betrifft, und so sitzen Kinder sogar mit vor dem Fernseher, wenn türkische Mafiaserien laufen. Oder Familienserien, in denen gelegentlich Pistolen auftauchen und Menschen erschossen werden, so als wäre das ganz normal. Ganz zu schweigen von den türkischen Nachrichtensendungen, in denen beispielsweise verletzte Opfer noch am Unfallort gezeigt werden, manchmal ohne dass sie zu ihrem Schutz unkenntlich gemacht werden. Türkischen Privatsendern scheinen solche ethischen Grundregeln völlig unwichtig zu sein. Weil der Fernseher einfach lief, habe ich einmal unfreiwillig mit ansehen müssen, wie ein Mann auf der Autobahn überfahren wurde und die beiden Hälften seines durchtrennten Körpers in zwei verschiedene Richtungen flogen. Dabei war deutlich die Wirbelsäule des Mannes zu erkennen, die aus dem Oberkörper herausragte. Deutschtürkische Kinder sind permanent mit einer derart fragwürdigen TV-Landschaft konfrontiert. Sie saugen auf, was ihnen gezeigt wird, und ihr Gefühl für die Menschenwürde stumpft dabei ab.

In der Türkei gehören aufwendig produzierte Wochenserien zur TV-Kultur. Sie sind in der Parallelgesellschaft sehr beliebt und haben einen großen Einfluss auf sie. Je nach Serie ist das gut oder schlecht. So wie die Türken selbst kann man nämlich auch die Serien in rückständig und modern unterscheiden, in Orient und Okzident. Das heißt, die einen spiegeln die traditionelle türkische Gesellschaft wider und vermitteln konservative Werte wie Familie, Stolz, Ehre und Religion. Die anderen Serien versuchen eine neue, modernere Gesellschaft zu zeigen. Sie transportieren ganz neue Werte und brechen mit Tabus. Der Einfluss dieser Serien ist nicht nur in der Türkei, sondern auch in der Parallelgesellschaft groß. In vielerlei Hinsicht haben sie für eine Lockerung der strengen Regeln gerade im Verhältnis der Geschlechter gesorgt. In der Türkei selbst mehr als in der deutschtürkischen Parallelgeselschaft. Doch auch hier sind kleine Fortschritte zu sehen. Zum Beispiel war es ledigen Deutschtürkinnen noch vor ein paar Jahren absolut verboten, einen Liebespartner zu haben. Das hat sich ein kleines bisschen gelockert, nachdem ein paar Fernsehserien eine türkische Gesellschaft skizziert haben, in der Eltern von den Freunden und Freundinnen ihrer Töchter und Söhne wissen – und es als normal hinnehmen. Als ganz besonders fortschrittlich gilt eine Serie, in der unverheiratete Paare sogar miteinander schlafen und sich niemand aus ihrem Umfeld daran stört. Schade, dass Dinge, die in der Mehrheitsgesellschaft sowieso längst normal sind, erst in einer türkischen Serie passieren müssen, damit sie in der Parallelgesellschaft akzeptiert werden.

Ich selber habe das deutlich gespürt. Wenn ich mich zum Beispiel unter Deutschtürken für die Rechte von Homosexuellen aussprach, wurde ich schräg angeschaut. Sobald aber in einer Serie eine schwule Figur aufgetaucht war, wenngleich immer komödiantisch überzogen, hatte man diese gern. Diese Serien verschieben die Grenzen der

Schutzblase ein wenig nach außen. Mit aller Hartnäckigkeit konfrontieren sie den Deutschtürken, der an seinen in Stein gemeißelten Normen festhält, mit neuen Werten. So gerät das türkische Leben zu einer permanenten Konfrontation zweier konkurrierender Welten. Jeder Türke sieht sich vor die Aufgabe gestellt, sich entweder für eine der beiden Welten zu entscheiden oder aus beiden seine eigene Lebenswelt zu kreieren. Die einen leben in der einen, die anderen in der anderen Welt, und dann gibt es noch die türkische Mitte, die eine Kombination aus beiden Welten versucht.

Eine meiner jungen deutschtürkischen Verwandten, die ich häufiger bei Familientreffen sah, kommentierte bei einem gemeinsamen Abend vor dem Fernseher eine Szene, in der eine junge Frau ins Krankenhaus eilte, um ihren plötzlich erkrankten Freund zu besuchen, abwertend mit den Worten: »Was hat sie denn da zu suchen?« Jeder im Raum wusste, was gemeint war: Einer ledigen muslimischen Frau steht es nicht zu, ihren Freund im Krankenhaus zu besuchen, weil sie sich damit öffentlich zu einer vorehelichen Partnerschaft bekennt. In den Augen der Parallelgesellschaft steht der Besuch im Krankenhaus nur den Eltern zu. Auch in solch bewegenden Momenten eines menschlichen Lebens soll die voreheliche Liebe hinter der Familie zurückstehen und verboten bleiben. Mit ihrem Kommentar wollte die junge Verwandte die anwesenden deutschtürkischen Erwachsenen für sich gewinnen, was auch funktionierte.

Daran, dass die Türken in Deutschland rückständig sind, hat das deutschtürkische Fernsehen einen großen Anteil, denn es ist trotz solcher Serien im Großen und Ganzen traditionell, konservativ und politisch angepasst. »Bei uns zu

Hause läuft fast nur deutsches Fernsehen«, höre ich meine deutschtürkischen Kritiker bereits lügen, so wie sie immer lügen, wenn es um Integration geht. Denn der Müll, von dem sie sich und ihre Kinder über deutschtürkische Kanäle zuschütten lassen, ist peinlich und passt nicht in das Bild, dass sie nach außen hin verkörpern wollen.

Als sich die Parallelgesellschaft Ende der Neunziger und verstärkt seit der Jahrtausendwende in Deutschland und Europa herausgebildet hat, kamen die türkischen Privatsender auf die Idee, deutschtürkische Ableger zu gründen, die sogenannten Europakanäle. So hatte bald jeder große türkische Privatsender ein deutschtürkisches Pendant. Diese glichen nicht nur die Stunde Zeitunterschied aus, sondern konnten auch auf die Deutschtürken zugeschnittene Werbung senden, denn da diese nicht mehr so richtig zur Türkei gehörten, galten sie für die Wirtschaft in der Türkei nicht als werberelevante Gruppe. Während aber bei den türkischen Sendern aufwendig produzierte Werbung läuft, die zum Teil wirklich richtig gut gemacht ist, qualitativ hochwertig und mit Witz, lässt das intellektuelle Niveau der deutschtürkischen Werbung sehr zu wünschen übrig. Sie setzt geradezu auf einen niedrigen Intellekt bei ihren Empfängern. An der fortschrittlichen türkischen Welt nimmt die Parallelgesellschaft nicht teil. Die Spots, die sich ungewöhnlich oft wiederholen, bewerben überwiegend deutschtürkische Frühstücksprodukte (irgendjemand muss sie ja schließlich kaufen). Oder es werden gezielt andere Dinge beworben, die dann Hochkonjunktur in der deutschtürkischen Welt haben. Teppiche zum Beispiel: Eine Zeit lang glaubte jeder Deutschtürke, seine Teppiche auswechseln zu müssen, mit den Deutschtürken lässt sich regelrecht eine goldene Nase verdienen.

Ein Werbespot ging mir eine Weile nicht aus dem Kopf. Er war der Gipfel der Obszönität. Eine deutschtürkische Boyband, deren muskelprotzige Mitglieder auffällig typisch deutschtürkisch bekleidet waren, unter anderem mit dekolletierten Muskelshirts, besang zu orientalischen Tönen eine Knoblauchwurst, die an einem Knoblauchwurstbaum wuchs. Das Ganze war so nervtötend, dass es einem aus den Ohren blutete. Die türkischen Europasender tragen regelrecht zur Massenverdummung der Deutschtürken bei. Sie sind ein großes Übel, das der deutschen Öffentlichkeit nicht bewusst ist und deswegen nicht thematisiert wird. Einer der Sender ließ sich einmal auch noch von der Kanzlerin feiern. Ich erinnere mich dunkel an die Bilder von vor über zehn Jahren. Einer dieser Europakanäle hatte sie auf ein Event eingeladen und sich glatt als Integrationsförderer verkauft. Merkel, der die Integration der deutschtürkischen Minderheit am Herzen liegt, hielt daraufhin eine Rede, in der sie den Einsatz der deutschtürkischen Medien lobte. Und die Beteiligten ließen sich das schmecken. Ich kochte vor Wut. Es machte mich verrückt, wie meine Landsleute den guten Willen der Kanzlerin und ihre Bemühungen ins Leere laufen ließen.

Irgendwann kam man jedoch endlich auf eine gute Idee: Man fing an, die *Tagesschau* zu senden. Das war wirklich großartig. Auch wenn der traditionelle Deutschtürke von sich aus kein Interesse hatte, konnte er wenigstens durch den auferlegten »Zwang«, die *Tagesschau* zu schauen, auf den Geschmack kommen. Er konnte feststellen, dass es durchaus interessant sein kann, in erster Linie die Nachrichten des Landes zu verfolgen, in dem man lebt, statt die Nachrichten des Landes, in dem man nur Urlaub macht.

Dass der deutschtürkische Sender die *Tagesschau* zeigte, führte immerhin bei meiner Mutter dazu, dass es für sie eine Gewohnheit wurde, um zwanzig Uhr die deutschen Nachrichten einzuschalten. Es war eines der wenigen Ereignisse, die in meinen Augen wirklich etwas im Sinne der Integration bewirkten. Zumindest in diesem Fall war es offenbar eine gute Idee, »Migranten« mit fehlendem Integrationswillen zu ihrem Glück zu zwingen, und ich glaube, dass das ein guter Ansatz ist.

Familienbegriff

In der Parallelgesellschaft pflegt man einen stark überhöhten Familienbegriff. Die Deutschtürken halten dies für ein besonderes Merkmal, das sie von den Deutschen abhebt und sie zu den besseren Menschen macht. Ein Deutscher, glauben sie, gibt generell nichts auf die Familie.

Woher kommt diese Annahme? In der traditionellen türkisch-muslimischen Kultur gehört nicht nur jeder noch so entfernte Verwandte zur Familie, sondern es gilt auch die Regel, dass man den Kontakt zu einem Verwandten niemals verweigern oder gar abbrechen darf. Das führt dazu, dass ein Familienmitglied oder Verwandter, wenn er etwas Unrechtes tut, immer von den anderen Familienmitgliedern und Verwandten gedeckt wird – auch, wenn sie über sein Verhalten Bescheid wissen.

Diese Regel weitet sich, wo immer Kritik am Islam oder der Vorwurf der Integrationsverweigerung laut wird, auf die gesamte Parallelgesellschaft aus. Unter Deutschtürken fühlt man sich miteinander verschwägert, vor allem bei jedem Angriff von außen, selbst wenn keinerlei Verwandtschaft besteht. In der Parallelgesellschaft gelten also dieselben Regeln wie in der Familie. Was bei Kritik am Islam oder an der muslimischen Gemeinde alles passiert, brauche ich an dieser Stelle wohl niemandem mehr zu erzählen.

Meine Mutter und ich streiten uns mittlerweile nur noch, wenn wir uns sehen. Sie steht stets zwischen der Verwandtschaft und mir. Ich habe nichts gegen Verwandtschaft generell. Ich verstehe mich gut mit Verwandten, die ich mag. Ich zähle nur nicht die ganze Sippschaft zur Familie. Und ich möchte mich nicht künstlich mit Menschen gut stellen müssen, die ich nicht mag – auch nicht, wenn sie Verwandte sind. Das treibt meine Mutter regelrecht zur Verzweiflung. Für sie war es bereits ein Unding, dass ich meine Verwandten in meinem Handy unter ihren Namen gespeichert habe, ohne den jeweiligen Zusatz »Tante«, »Onkel«, was in der türkischen Kultur eigentlich obligatorisch ist.

Für mich hingegen sind lediglich meine Mutter und meine Schwester meine Familie. Hinzu kommen eine Handvoll Verwandte, mit denen ich mich gut verstehe. Darüber hinaus aber halte ich es lieber mit einer Wahlverwandtschaft, zu der gegebenenfalls auch Freunde gehören, jedoch niemals Menschen, die ich nicht leiden kann. Anders meine Mutter: Sie würde Freunde niemals als Familie bezeichnen. Für sie zählen nicht nur meine Schwester und ich zur Familie, sondern ihre drei Geschwister mit deren Partnern und Kindern, ihre Onkel und Tanten, dann noch ihre vielen Cousins und Cousinen mit Partnern und Kindern und die Verwandtschaft aller in die Großfamilie eingeheirateten Partner.

An sich fände ich das gar nicht schlimm, würde meine Mutter nicht von mir erwarten, dass ich alle wie Familie behandele, selbst wenn ich jemanden nicht mag. Aber genau dieses Recht spricht man mir als muslimischer Deutschtürkin ab. Ich bin meiner Mutter zuliebe immerhin zu wichtigen Anlässen mitgegangen, doch das war ihr nicht genug. Sie hat von mir eingefordert, echte Zuneigung zu entwickeln. Daraufhin versuchte ich ihr zu erklären, dass es wohl nicht schlecht ist, sich die Menschen auszusuchen, die man mag. Und dass es andersherum wohl nicht sein kann, dass man gegenüber Menschen nur deswegen Sympathien aufbringt, weil sie zu einem bestimmten Kulturkreis gehören.

Dennoch zählt in der Parallelgesellschaft bloß dieses Kriterium: Allein die Herkunft und der Verwandtschaftsgrad entscheiden darüber, wie man sich Menschen gegenüber verhält. Wenn ich in Gegenwart meiner Mutter eine »gewagte« These aufstelle, etwa dass Familie nicht alles im Leben ist, schlage ich mich in ihren Augen auf die Seite der bösen, familienfeindlichen Deutschen. Dann baut sie sich vor mir auf und sagt mit stolz geschwellter Brust: »Bei *uns* ist die Familie etwas ganz anderes!«

In ihren Augen haben Deutsche generell keinen Sinn für die Familie. Unsere deutschen Nachbarn, die alle Kinder haben, ihre eigenen deutschen Freunde und alle anderen deutschen Familien, denen sie begegnet, blendet sie aus, so als gäbe es sie nicht. Sie hält nichts davon, dass Deutsche sich nur dann Kontakt zu ihrer Familie wünschen, solange diese Beziehungen auf Liebe basieren. Und sie versteht nicht, dass manche den Kontakt zu Verwandten abbrechen oder lediglich auf Sparflamme halten, wenn es Dinge gibt, die den Einzelnen psychisch belasten.

Im Extremfall geht die blinde Familiensolidarität so weit, dass selbst ein Vergewaltiger gedeckt wird, so wie es oft auch in der Kirche geschehen ist. Aber nicht einmal derartige keineswegs »harmlosen« Fälle darf ich den betroffenen Verwandten anlasten – ich soll sie trotzdem gernhaben. Zum Beispiel eine entfernte Verwandte und ihren Mann, obwohl ich nicht vergessen kann, dass sie früher ihr Kind regelmäßig geschlagen haben. Früher habe ich mich nicht getraut, meine Abneigung gegen sie zu zeigen. Meiner Mutter und ihrer Umgebung zuliebe habe ich das Spiel jahrelang mitgemacht. Aber heute bin ich erwachsen und traue mich zu sagen: Ihr habt euer Kind windelweich geschlagen, bis es zu groß dafür war, ich kann das nicht vergessen und deswegen möchte ich nichts mit euch zu tun haben. Das ist mein gutes Recht.

In der Parallelgesellschaft hält man Europäer allein schon aufgrund ihrer vielfältigen Lebensstile für familienfeindlich – selbst wenn sie die Familie nicht zwingend ausschließen, sondern sie höchstens anderen Prioritäten wie etwa der Karriere, der Vorliebe für wechselnde Partner oder der Reiselust unterordnen. Meine deutschtürkische Familie kann in meiner Entscheidung für ein eigenes, selbstbestimmtes Leben nur eine vollständige Ablehnung der Familie sehen und die Leugnung meiner Herkunft. Was für durchschnittliche junge Frauen in Deutschland normal ist – dass sie selbstbestimmt leben und dabei durchaus auch ihrer Familie Zeit einräumen –, kommt für die Kinder der Parallelgesellschaft nicht infrage.

Ich erzähle meiner Mutter manchmal von meinen Mitbewohnerinnen, deren Eltern das ein oder andere Wochenende mit ihnen verbringen und die umgekehrt eben auch ab und zu in ihre Heimat fahren, so wie ich. Aber das geht in das eine parallelgesellschaftliche Ohr rein und aus dem anderen wieder raus.

In der Parallelgesellschaft ist der Mensch nur mit seiner Familie etwas wert. Das konnte man in den Heiratsshows im türkischen Fernsehen wunderbar beobachten, die Erdoğan abgesetzt hat, weil sie ihm nicht konservativ genug waren. Hier wurden die Kandidaten gleich zu Anfang nach ihren Familien ausgefragt. Üblicherweise bekundeten die Eheanwärter, dass sie eine »sehr starke Bindung« zu ihren

Eltern pflegten. Das war gewissermaßen die richtige Antwort, um in die nächste Runde zu kommen. Es ging jedoch noch absurder. Wie man die Zuschauer wissen ließ, hatten die Männer und Frauen, die mit dreißig noch zu Hause bei ihren Eltern wohnten, ihre Eltern aufgrund der Teilnahme an der Sendung eine Woche lang nicht gesehen. In dem Moment, als ihre Mütter ins Livefernsehen zugeschaltet wurden, brachen diese Kandidaten glatt in Tränen aus. Nach einer einzigen Woche Trennung.

Einmal gab es einen Kandidaten, der sich wie alle anderen fürs Heiraten bewarb, der aber bei der Frage, ob denn seine Bindung zu seiner Familie sehr stark sei, antworten musste, dass er leider keine Familie mehr habe. Ihm wurde daraufhin nicht gesagt, dass das nicht schlimm sei und keine Rolle spiele. Er wurde durch die beklemmende Stille, die durch diese unerwartete Antwort im Studio entstand, gnadenlos rausgemobbt.

Dadurch, dass die Familie und ihre Belange in der Parallelgesellschaft stets Vorrang haben vor den Wünschen und Bedürfnissen des Einzelnen, wird es den Kindern schwer gemacht, sich auf ihr eigenes Leben zu konzentrieren. Ihnen wird antrainiert, die Familie immer mitzudenken. Daher versuchen viele junge Deutschtürken, die Familie bei allen Entscheidungen einzubeziehen. Das funktioniert, solange man sich innerhalb der Schutzblase bewegt, in der viele Entscheidungen vorgegeben sind. Die zahllosen jungen deutschtürkischen Menschen, die sich für die Parallelgesellschaft entschieden haben, machen es sich damit supereinfach. Menschen türkischer Herkunft hingegen, die wie ich nicht Teil der Parallelgesellschaft sein wollen, müssen erst einmal Lebenszeit und Energie investieren, um sich aus den erlernten Denkmustern zu befreien.

Die Überbewertung der Familie geht in der Parallelgesellschaft damit einher, dass der Einzelne wenig selbstständig denkt und handelt. Da die stark patriarchalisch-hierarchische Struktur dafür sorgt, dass Konflikte innerhalb der Familie nicht demokratisch diskutiert werden, kann es auch nicht verwundern, dass aus der Parallelgesellschaft keine selbstkritischen Töne zu hören sind, wenn es um das Verhältnis der Deutschtürken zur Mehrheitsgesellschaft und das Problem der Integration geht.

Fortschritt

Die Schutzblase lässt sich am besten bewahren, wenn man den Fortschritt meidet.

Als Kind hatte ich die Vorstellung, dass die deutschtürkische Gemeinde, allen voran meine Familie, mit der Zeit fortschrittlicher werden würde, und ich freute mich darauf. Ich war sicher, sie würde all das, was ich als hinterwäldlerisch empfand, ablegen und moderner werden. Und ich machte es mir zur Aufgabe, meinen Teil dazu beizutragen. Wo immer ich auf rückständige Gedanken und Strukturen traf, wollte ich darauf aufmerksam machen und dagegen streiten. Fortschritt war für mich als türkisches Kind das bedeutendste Wort der Welt. Es schien mir, als gäbe es eine Art natürlichen Verlauf, eine Entwicklung, die vom Fortschritt bestimmt wurde und die aus der Rückständigkeit herausführte. Andere Gesellschaften hatten diese Entwicklung hinter sich – warum sollte es nicht im Interesse der Deutschtürken sein, zu ihnen aufzuholen? Es waren ja bereits große Unterschiede zwischen den ersten drei Generationen sichtbar: Während meine Großeltern ihre Kinder noch streng autoritär überwachten, dachten meine Eltern schon weitaus liberaler, und nun kam meine Generation, die den verbliebenen Rest an Rückständigkeit überwinden würde. Ich war sicher, die nächsten Generationen, unsere Kinder, würden bereits ohne die üblichen muslimischen Problemchen aufwachsen. Ich glaubte, es sei nur eine Frage der Zeit, bis unsere Eltern ihre muslimische Strenge abgelegt hätten; spätestens wenn ich achtzehn wäre, würden die Jugendlichen in deutschtürkischen Familien freier sein als je zuvor. Das war für mich einfache Mathematik. Aber ich wurde bitter enttäuscht. Die Zukunft sah leider anders aus. Ich wurde zwanzig, und nichts hatte sich geändert. Noch immer war die angeblich moderne muslimische Welt eine Welt der Verbote, in der junge Frauen nicht ausgehen, keinen Freund haben durften und so weiter. Ich hatte von mir auf meine Familie und alle anderen Deutschtürken geschlossen, doch diese Rechnung ging nicht auf. Nicht alle Türken sahen im Fortschritt das Wichtigste, im Gegenteil: Die Mehrheit der Deutschtürken hatte gar kein Interesse am Fortschritt. Und nicht nur das – sie wollten sogar lieber zurück in die Vergangenheit. Auf einmal heiratete meine Schwester vollkommen freiwillig einen strengen Muslim, und alle himmelten diesen neuen türkischen Präsidenten an, dessen Parteiprogramm zurück ins Mittelalter führt. Anstatt nach vorne, wandte sich alles rückwärts. Fortschritt, so verstand ich langsam, bedrohte die Schutzblase, in der die Deutschtürken sich eingerichtet hatten. Der Fortschritt wurde zu einem Feind, vor dem sie sich und alle anderen in der Community schützen und bewahren müssen.

Dabei musste ich mir anfangs selbst noch die Angst vor dem Fortschritt nehmen. Ich predigte ihn zwar meiner Familie, selbst fortschrittlich zu sein war hingegen schwierig. Aber ich hatte es mir in den Kopf gesetzt. Und hatte immerhin schon erkannt, dass die Menschen, die den Fortschritt lebten, mir nichts voraushatten als ihre Bereitschaft, etwas dafür zu leisten. Nach den Regeln der Parallelgesellschaft hätte ich diese Menschen allein dafür hassen müssen, dass sie mir diese Bereitschaft, sich zu entwickeln, voraushatten. Und wem das tatsächlich das Gefühl vermittelte, etwas »Schlechteres« zu sein, der hatte gefälligst die Fehler bei den anderen zu suchen, anstatt sich selbst oder gar seine Herkunft dafür verantwortlich zu machen. Warum aber sollte ich Menschen hassen, nur weil sie mir etwas voraushatten? Warum durfte ich sie nicht bewundern? Ich glaube, dass Menschen vor allem dann hassen, wenn sie selbst nicht dazu bereit sind, etwas zu leisten, und ihr schlechtes Gewissen beruhigen müssen, weil sie ihre eigenen Möglichkeiten nicht ausschöpfen. Als ich diese Falle erkannte, wurde mir klar, dass ich davor mehr Angst haben sollte als vor dem Fortschritt. Würde ich darauf reinfallen, wäre ich mein Leben lang dazu verdammt, andere für meine eigenen Versäumnisse verantwortlich zu machen und mich aufgrund meiner Herkunft klein zu fühlen. Doch gerade meine Herkunft sagte mir etwas anderes. Ich begann, in allem Fremden das Schöne zu sehen. Das Fremde wurde für mich zur Chance, mich selbst weiterzuentwickeln. Mein Blick auf die »Fremden«, wie man auf Türkisch alle Nichtmuslime nannte, verwandelte sich, aus Feinden wurden Vorbilder.

Die wirklich modernen Deutschtürken sind leider in der Minderheit. Beim Interview für den *Kölner Stadt-Anzeiger* fragte mich die Journalistin, die sich gut in der Thematik auskannte und kritisch darüber berichtete, warum ich denn so negativ sei, die deutschtürkische Community werde schließlich immer fortschrittlicher, und ob ich denn glaubte, die einzige moderne Türkin zu sein. Sie habe selbst so viele tolle, vorbildliche Deutschtürken kennengelernt, was sicher auch an ihrem intellektuellen Umfeld lag. Ja, irgendwie sei das schon so, sagte ich, die Community verändere sich zum Positiven. Irgendwie aber auch nicht. Später, als ich für meine Bachelorprüfung in deutscher Literatur in der Bibliothek unseres Institutes in Interviews von Heinrich Böll stöberte, las ich folgenden Satz: »Ja, die Veränderung hat auch stattgefunden. Nur gibt es eben nicht ein bißchen Freiheit, so wenig wie man nur ein bißchen schwanger sein kann.«[15] Das war seine Antwort auf die Frage eines Interviewers, ob denn nicht seinerzeit in der Nachkriegsgesellschaft eine Öffnung der katholischen Kirche stattgefunden habe. Die tat sich damals noch schwer damit, sich gründlich mit den Verbrechen der Nazis auseinanderzusetzen, und sah sich deshalb dem Vorwurf ausgesetzt, sich aus der Verantwortung stehlen zu wollen.

Genauso verhält es sich mit der muslimischen Community. Die Regeln haben sich eindeutig etwas gelockert. Man lebt jetzt den sogenannten »Islam light« und ist in den betroffenen europäischen Ländern irgendwie halbwegs integriert. Trotzdem ist das noch lange kein Zustand, mit dem wir uns zufriedengeben können.

Als mir bewusst wurde, wie sehr sich mein muslimisches Umfeld gegen den Fortschritt sträubt, und ich schließlich sah, dass die von mir erwartete Entwicklung nicht stattfand, musste ich mich entscheiden. Ich berief quasi eine eigene kleine Krisensitzung ein, zu der meine Vernunft, aber auch mein Herz und meine Seele eingeladen waren und in der thematisiert werden musste, wie ich mich dazu positionieren wollte. Wie würde ich mit dem Verhalten der Integrationsverweigerer umgehen? Ich kam zu dem Entschluss, dass ich mich nicht von der Feigheit meiner Landsleute beirren und mich von diesem Strom nicht erfassen lassen durfte, der in die Gegenrichtung floss und der mich wegtreiben würde, wenn ich nicht dagegen anschwamm und mich an den Ästen und Felsen festhielt, die sich mir boten. Der Kopf führte diese Krisensitzung, er war also der Gastgeber, jedoch stimmten Herz und Seele in dieser Sache überzeugt zu, obwohl die Parteien normalerweise starrköpfig miteinander streiten und Sitzungen deswegen vertagt werden müssen.

Was tat ich also? Meine Strategie war es zu ignorieren, dass für mich bestimmte Verhaltensregeln galten. Ich tat so, als würde ich diese Regeln nicht kennen, und tat Dinge, ohne um Erlaubnis zu bitten. Der Verwirrung, die ich damit bei jenen auslöste, die glaubten, dass ich nach ihrer Pfeife tanzen müsse, begegnete ich wiederum mit Unverständnis, tat so, als wäre bei mir die entsprechende Synapse für den muslimischen Regelkatalog ausgefallen, wofür ich nichts konnte, ähnlich wie beim Ausfallen einer Körperfunktion, und ließ sie in dem Glauben, gar nicht zu verstehen, was sie von mir wollten. Damit provozierte ich meine deutschtürkischen Mitmenschen ungemein. Aber ich sah es eben nicht ein, ständig Vorwürfen ausgesetzt zu sein. Es war schlicht und einfach gemein, dass sie mir das Gefühl gaben, ständig etwas falsch zu machen. Sie hatten es also nicht verdient, dass ich ihre Vorwürfe ernst nahm. Ich durfte mich nicht in die Irre führen lassen.

Da ich leider noch unter achtzehn war und damit gesetzlich verpflichtet, ihre Erlaubnis einzuholen, fragte ich meine Mutter Dinge, von denen ich wusste, dass sie sie unheimlich schlimm finden und mir partout nicht erlauben würde. Sie würde sie mir nicht verbieten, weil sie, wie sie vorschob, Angst um mich hatte und mich vor Drogen, Mördern und Vergewaltigern schützen wollte, sondern weil sich die Dinge, die ich tun wollte, für ein muslimisches

Mädchen nicht gehörten. Schließlich kannte sie meine Freundinnen und deren Eltern – hätten wir also wirklich etwas Gefährliches vorgehabt, hätte es auch bei ihnen Verbote gegeben. Meine Mutter schützte mich nicht vor Gefahr, sondern sich selbst vor den missbilligenden Urteilen ihrer deutschtürkischen Außenwelt. Etwa wenn ich in einem unschuldig-fröhlich-positiv-gestimmten Ton, für den ich meine ängstlich unterwürfige Stimme mit großer Kraft und Mühe verstellte, fragte, ob ich mit meinen Freundinnen in die Kleinstadtdisco gehen dürfe.

Meine Mutter wurde in solchen Momenten kreidebleich und brachte erst einmal nur ein strenges Nein hervor, das strengste und ernsthafteste Nein, zu dem ihre Stimme fähig war. Es sollte mir weitere Fragen untersagen. Ich hingegen tat dann so, als hätte ich gar nicht wirklich nach ihrer Erlaubnis, sondern einfach aus Höflichkeit und in der Annahme gefragt, dass sie sowieso Ja sagen würde. Ich gab vor, ihre Reaktion nicht zu verstehen: »Hä? Warum denn nicht?« Das machte meine Mutter verrückt. Es trieb sie in den Wahnsinn. »Warum?« war eine ganz böse Frage. Neben Sex quasi das wichtigste parallelgesellschaftlich-muslimische Tabu, das man brechen konnte. Eine böse Frage, die sich nicht gehörte. Ich wusste, dass ich keine ehrliche Antwort darauf kriegen würde, nichts anderes als das vorgeschobene »Drogen, Mörder, Vergewaltiger …« Aber ich musste sie trotzdem stellen, die Frage nach dem Warum, denn scheinbar machte das sonst keiner. Man war es in der Parallelgesellschaft in Deutschland und der muslimischen Gemeinde weltweit gewohnt, nicht danach zu fragen. Die Schutzblase erfüllte ihre Schutzfunktion ganz ausgezeichnet. Für meine Mutter indes begann ein anstrengender Marathon. Und auch für mich wurde es zu einer Art Hochleistungssport, jedes Mal erneut meine Angst vor dieser Frage zu überwinden. Leider hielten sich die anderen muslimischen Mädels offenbar an das Frageverbot und ersparten sich den Ärger – ich musste da alleine durch. Selbst meine Schwester, die damals noch sehr gut integriert war, immer deutsche Freundinnen und Freunde hatte, bei denen sie beliebt war, forderte zu Hause ihre Rechte nicht ein und blieb vor allem in den konservativen Phasen meiner Mutter in dem von ihr vorgegebenen Rahmen. Ich aber konnte das nicht. Vor allem nicht, ohne zu wissen, was die Regeln, an die ich mich halten sollte, für einen Sinn hatten. Warum soll man sich sonst an Regeln halten? Ich liebe es sogar, mich an Regeln zu halten. Deswegen liebe ich es auch, in Deutschland zu leben, denn hier gibt es so viele sinnvolle Regeln. Wäre das anders, würde ich einen Teufel tun, mich an sie zu halten. In der Parallelgesellschaft hingegen, deren Mitglieder sich als integriert ausgeben und die einen modernen Islam predigen, wirken die wahren Begründungen vieler Regeln so, als entstammten sie dem Mittelalter. So wie die Behauptung, für ein muslimisches Mädchen gehöre es sich nicht, dieses und jenes zu tun. Da diese Begründung ihnen selbst vielfach zu peinlich ist, schieben sie andere Gründe vor. Man ist ja angeblich modern. Also bitte, bitte nicht nachfragen!

Ich brachte meine Mutter in die Zwickmühle: Entweder sollte sie mir erlauben, so zu leben, wie ich es wollte und wie jedes andere Mädchen in Deutschland auch, oder sie sollte dazu stehen, dass sie zu den Zurückgebliebenen gehörte, die ich, wie sie wusste, nur zu gerne als solche entlarvte. Für mich gab es die fortschrittlichen Türken und die zurückgebliebenen Türken. Das hatte weder mit der Herkunft noch mit Arm und Reich zu tun. Meine Mutter nun wollte von mir zwar als fortschrittlich verstanden werden, hielt sich aber an den Regelkatalog der Zurückgebliebenen. Und wenn ich ihr das vorwarf: »Mama, das ist doch ein total überholter, rückschrittlicher Gedanke«, dann war sie beleidigt. »Du hast mich eine Zurückgebliebene genannt, vielen Dank auch!« – »Na dann verhalte dich nicht so! Mach es anders als die anderen!« Bloß war das nicht das, was sie wollte. Sie wünschte sich vielmehr, dass ich ihre Rückständigkeit einfach nicht benannte. So funktioniert die Parallelgesellschaft. Und obwohl ich die wahrscheinlich unentschlossenste Person unserer Erde bin und gefühlte zwei Stunden brauche, um mich im Restaurant für ein Gericht zu entscheiden, hatte ich hier keinerlei Zweifel: Ich wollte die nächsten Jahre und mein gesamtes Leben nicht nach diesem muslimischen Schema leben, nach den Strukturen der Parallelgesellschaft, in der es verboten ist, etwas zu fordern, und in der man die alten, rückständigen Regeln gutheißt.

Ich versuchte, mich in die Zukunft hineinzuversetzen, in die Person, die ich in zehn Jahren sein würde und die sich als Erwachsene rückblickend die Frage stellt, ob sie die wahrscheinlich schönsten Jahre des Lebens richtig gelebt hat. Ich wusste, dass es unerträglich für mich wäre, diese Frage mit Nein beantworten zu müssen. Ich würde mich schwarz ärgern, wenn ich erkennen müsste, dass ich meine Zwanziger nach den schwachsinnigen Konventionen der »modernen« muslimischen Gesellschaft gelebt habe. Bald ist es so weit. Meine Zwanziger neigen sich dem Ende zu, und mir graute es lange vor der Beantwortung dieser wichtigen Frage: Habe ich die Aufgabe erfüllt, die ich mir selbst gestellt habe? Doch ich kann durchatmen. Die Antwort heißt »Ja«. Ich bin den Weg gegangen, den ich mir erträumt habe – ich wäre genau diesen Weg auch dann gegangen, wenn es das deutschtürkische Umfeld nicht gegeben hätte. Ich brauchte zwar mehr Zeit als andere junge Frauen, weil ich erst einmal einiges geradebiegen musste, was in meiner deutschtürkischen Sozialisierung schiefgelaufen ist, und ich habe viel Schmerz über die Zeiten unnötiger Stagnation empfunden, aber heute ist nichts mehr übrig in mir von der Parallelgesellschaft. Aus der Überwindung des Mindset »Als muslimisches Mädchen kannst du das nicht tun« konnte ich viel für's Leben lernen. Den heute jungen Deutschtürken und Deutschtürkinnen wünsche ich, dass sie noch schneller und konsequenter agieren. Lasst euch keine Minute lang ein schlechtes Gewissen einreden und euch damit den Blick auf die wesentlichen Dinge im Leben vernebeln! Wehrt euch vehement dagegen, euch in unwichtige Dinge verstricken zu lassen!

Ich vergleiche das Integrationsproblem gerne mit dem Abnehmen. Bei beiden muss man die Wahrheit einsehen, um Fortschritte zu erzielen. Abnehmen kann man ebenfalls erst, wenn man aufhört, sich einzureden, man könne etwas mit Crashdiäten erreichen, wenn man aufhört, den simplen Grundsatz zu ignorieren, dass man anfangen muss, sich gesund zu ernähren. Erst wenn man einsieht, dass man nicht um diesen Grundsatz herumkommt, wird man langfristige Erfolge erzielen. Genauso verhält es sich mit der Integration. Sie kann erst dann beginnen, wenn die Deutschtürken einsehen, dass sie damit aufhören müssen, die Verantwortung auf den bösen Deutschen zu schieben.

Wir können noch ein weiteres Jahrzehnt über den ehrlichen Dialog sprechen. Es wird nichts nützen, solange wir nicht endlich damit anfangen, wirklich ehrlich zueinander zu sein. Deutsche haben Angst davor, als intolerant zu gelten, und Deutschtürken haben Angst vor der Anstrengung, sich auf Kritik einzulassen und an sich selbst zu arbeiten.

Wir werden in der Debatte jedoch keinen Fortschritt erzielen, wenn wir diese Ängste nicht überwinden. Wir müssen uns der Angst stellen, so, wie wir es in anderen Lebensbereichen ja auch tun. Raus aus der Komfortzone! Wir können uns nicht wie kleine Kinder verstecken. Dass es möglich ist, sich der Angst zu stellen, habe ich jedes Mal erfahren, wenn ich etwas getan oder gesagt habe, das als Angriff auf die Parallelgesellschaft gewertet wurde, als Gefahr für die Schutzblase. Auf jede meiner Grenzüberschreitungen folgte anfangs ein Riesentheater. Dann aber haben sich Familie und Verwandte daran gewöhnt, und heute akzeptieren sie meine Lebensweise als etwas ganz Normales. Mit Freundinnen in den Urlaub? Um Himmels willen! Eine WG mit deutschen Männern? Mein Vater würde sich im Grabe umdrehen! Ein Weihnachtsbaum in der Wohnung? So weit kommt es noch! Sie haben alles überlebt. Man muss dem Gegenüber auch mal etwas zutrauen. Ich wusste: Es wird nur etwas passieren, wenn ich die Komfortzone verlasse. Dort, wo die Komfortzone aufhört, fängt das Leben erst an. Jedes Mal, wenn ich etwas durchgezogen habe, was meiner muslimischen Umgebung nicht gepasst hat, habe ich gespürt, dass ich lebe. Ich wünsche mir, dass die anderen sich ebenfalls mal so richtig den Kopf stoßen und aufwachen aus ihrem muslimischen Schlaf.

Die Mitglieder der Parallelgesellschaft verschließen sich mit ihrem Hass und ihrer Angst der Bandbreite des Lebens. Sie leben nicht wirklich, sondern wehren sich gegen Anstöße und Anregungen von außen, die das eigene Bewusstsein

erweitern könnten. Lieber halten sie sich streng an das ein-
geübte Set ihrer Regeln und Konventionen. Damit schrän-
ken sie sich selbst ein. Fremdes bleibt fremd – undenkbar,
dass es als bereichernd empfunden werden könnte, dass
sich Fremdes anverwandeln und zu einem Teil des Eigenen
machen ließe. So verbleiben die Mitglieder der Parallelgesellschaft in ihrer kollektiven Rückständigkeit.

Als ich eines Morgens in unserem Ferienhaus in der Türkei das Terrassenfenster öffnete, bot sich mir ein süßes Bild
ganz nach meinem Geschmack: Matschig braune Pfoten-
spuren führten über die Fliesen zur Liege, auf der ein wun-
derschöner mittelgroßer Hund es sich gemütlich gemacht
hatte. Er sah mich mit einem bezaubernden Hundeblick an,
der sagte: Bitte erlaube mir, hier liegen zu bleiben! Später erfuhr ich, dass er auf der Suche nach einem schattigen
Plätzchen bereits bei allen Nachbarn gewesen war. Doch
überall hatte man ihn weggejagt. Bei mir war er nun an der
richtigen Adresse. Zwei Wochen lang verwöhnte ich ihn,
zwei Wochen, in denen ich mir den Zorn der Nachbarn ein-
handelte, die keinen Straßenhund in der sauberen Garten-
anlage haben wollten. Ich war enttäuscht, weil ich bis dahin
geglaubt hatte, dass meine modernen türkischen Nachbarn
anders seien als die Deutschtürken in meiner Heimat.

Ich nannte meinen Gast Knut und wusste nicht, was ich
anstellen sollte, als ich schließlich zurück nach Deutschland
musste. Natürlich würde ich ihn nicht einfach so zurücklassen wie die anderen deutschtürkischen Urlauber, die den
Ort inzwischen entdeckt hatten und vermehrt hier Urlaub
machten. Leider nahmen die Formalitäten, die nötig waren, um einen Hund aus der Türkei nach Europa mitzufüh-
ren, Monate in Anspruch, weil die Türkei anders als etwa
Griechenland als tollwutgefährdetes Land eingestuft wur-

de. So musste ich Knut vorerst zurücklassen. Von heute auf morgen lag er auf seiner Decke auf der Terrasse vor einem leeren, verschlossenen Haus. Es zerriss mir das Herz. Aber ich wusste, dass es nur vorübergehend war. Ich würde ihn nicht im Stich lassen. Helfer vor Ort erzählten mir von Hunden, die an der Trauer darüber regelrecht starben. Ich ließ Futter bei den Nachbarn und bat den Sohn des Hausmeisters, den nötigen Bluttest durchführen und die Tollwutimpfung machen zu lassen. Zurück in Deutschland, erhielt ich jedoch immer wieder Nachrichten, dass sich die Bewohner an ihm störten, weil der Hund abends, wenn es dunkel wurde, gelegentlich bellte. Knut hatte sich selbst zum Wächter der Ferienhausanlage ernannt, er versuchte, sein Rudel vor Fremden zu schützen, und jagte die Kutscher bis ans Ende der durch die Anlage führenden Straße. Eigentlich füllte er damit eine Sicherheitslücke, zumal sich die Bewohner auf einer Versammlung bereits für mehr Sicherheit ausgesprochen hatten. Trotzdem störten sie sich an ihm, und so stand für mich fest, dass ich ihn da rausholen musste.

Dann aber verschwand Knut plötzlich. Keiner konnte mir sagen, wo er war oder was passiert war. Möglicherweise hatte ihn irgendwer im Vorbeifahren ins Auto gepackt und irgendwo anders wieder rausgelassen. Das machten Menschen hier so, wenn ein Hund ihnen gefiel. Ich heulte mir in Deutschland die Augen aus. Bis Knut wenige Wochen später im städtischen Tierheim auftauchte, mit dem ich in Kontakt stand. Schließlich konnte ich endlich in die Türkei fliegen, um ihn zu holen. Heute lebt Knut bei einer wundervollen deutschen Familie in Köln mit Kindern und viel Action. Bis ich dieses Zuhause gefunden habe, wohnte er bei mir in der engen WG, in der ich eigentlich keinen Hund halten durfte. An den Wochenenden nahm ich ihn mit in die

Heimat, und da fing das Elend von vorne an: Den deutschtürkischen Freunden und Verwandten war es ein Dorn im Auge, dass wir einen Hund zu Hause hatten. Als wäre das nicht etwas völlig Normales in diesem Land, in dem Hunde längst Familienmitglieder sind. Eine Verwandte drohte sogar, sie würde uns nicht mehr besuchen, weil ein Haus, in dem ein Hund wohnt, unrein sei und sie somit ihren Gebetsteppich dort nicht ausbreiten könne. Das sind diese Muslime, die der Welt gleichzeitig erzählen, wie tierlieb ihr Prophet Mohammed gewesen sei. Sollte die Verwandte doch bleiben, wo der Pfeffer wächst! Es war mir nur recht. Wenn es etwas gab, das unrein war, dann wohl sie, deren Blick für Gut und Böse in Schieflage geraten war. Wieder einmal störten sie sich an meinem Engagement, das nicht zu einer Deutschtürkin passte. Sie fanden es eigenartig. Dass man Angst vor Hunden hat, weil man den Umgasng mit ihnen nicht kennt, ist verständlich. Aber wirklich integrierte Deutschtürken, die freundschaftlichen Kontakt zu deutschen Familien pflegen, müssten es eigentlich gewohnt sein, dass ein Hund zur Familie gehören kann.

Irgendwann wurde es unter jungen deutschtürkischen Männern paradoxerweise zum Trend, einen Kampfhund zu halten, der die überbordende Männlichkeit seines Herrchens unterstreichen sollte. Bis dahin waren die Mitglieder der Parallelgesellschaft auf dem Bürgersteig eher wie kleine Mädchen zusammengeschreckt, wenn ein Hund an ihnen vorbeiging. Und die Straßenhunde in der Türkei, wo sie jedes Jahr Urlaub machen, bewerfen sie sogar mit Steinen, um sich anschließend darüber zu wundern, dass die Hunde aggressiv werden. Wie kann man sich Dingen, die sich vor der eigenen Nase abspielen, nur so sehr verschließen? Allein durch mein Engagement für Straßenhunde hat sich mir eine Welt eröffnet, von der ich vorher gar nicht wusste, dass es sie gibt. Ich habe mich mit den wenigen freiwilligen Helfern vor Ort befreundet, die sich für die Vierbeiner in Not aufopferten.

Ich habe Fatoş kennengelernt, eine freiwillige Helferin in Izmir. Fatoş war Bankerin und sehr erfolgreich, bis sie das Leid der Tiere und das Nichtstun der anderen nicht mehr mit ansehen konnte. Sie gab ihren sicheren Job auf und lebt seitdem in einem provisorischen Häuschen auf einem Grundstück, das sie als Tierheim nutzt.

Einmal trafen sich die Tierschützer der Umgebung zum Raki auf Cunda, einer Insel, auf der noch alte und idyllische griechische Bauwerke wie zum Beispiel eine kleine Kirche stehen. Man stellte Tische und Stühle für uns an einen Platz zwischen Fischrestaurants, die uns mit einer großen Auswahl an frischen Tapas versorgten wie Seeigel und andere exotische Dinge, die ich vorher nicht kannte. Wir stießen an auf das, was uns verband, sangen und fütterten dabei hin und wieder die vielen Katzen, die sich ringsherum sammelten. Das war nur eine von vielen schönen Welten, an denen die Mehrheit meiner Landsleute in Deutschland nicht teilhaben will. Und wieder musste ich an die Unterschiede zwischen der deutschen Gesellschaft und der deutschtürkischen Parallelgesellschaft denken. Wie Mahatma Gandhi so treffend gesagt hat: »Die Größe und den moralischen Fortschritt einer Nation kann man daran messen, wie sie ihre Tiere behandelt.«[16]

Fremdenfeindlichkeit

So, wie der Fortschritt eine Gefahr für die Schutzblase darstellt, hilft die Fremdenfeindlichkeit den Deutschtürken, die Unversehrtheit der Schutzblase zu bewahren. Da sich die Parallelgesellschaft durch die Abgrenzung nach außen definiert, ist die Fremdenfeindlichkeit identitätsbildend. Das Gefühl der eigenen Überlegenheit gegenüber allen anderen Gruppen hält ihre Mitglieder zusammen. Und es ist schwer, dazuzugehören, wenn man nicht fremdenfeindlich ist. Die Fremdenfeindlichkeit ist ein fester Bestandteil der Parallelgesellschaft.

In der Wertehierarchie der Parallelgesellschaft stehen die türkischen Muslime an oberster Stelle. Vor allem jene, die sich nach außen hin durch Burka oder Kopftücher beziehungsweise lange Bärte sichtbar zum Islam bekennen. Dicht gefolgt werden die türkischen Muslime, die sich nach außen hin deutlich zu erkennen geben, von türkischen Muslimen, deren Religiosität erst auf den zweiten Blick sichtbar ist. Die Angehörigen dieser zweiten Gruppe kleiden sich modisch, aber dennoch normkonform. Heißt: Auch sie zeigen in der Regel nicht viel Haut und tanzen nie aus der Reihe etwa durch einen eigenwilligen Kleidungsstil. Wichtig ist, dass sie sich sofort zum Islam bekennen, denn sich gegen den Islam zu entscheiden, gilt als Todsünde. Wenn du sie fragst oder die Frage bloß andeutest, muss sofort wie aus der Pistole geschossen kommen: »Elhamdülillah« – also »Gott sei Dank bin ich ein Muslim« –, um jegliche Zweifel aus dem Weg zu räumen. Sonst bist du unten durch.

Das »Elhamdülillah« hat inzwischen eine Bedeutung erhalten, die über das Bekenntnis zum Islam hinausgeht. In der Parallelgesellschaft gilt es zudem als Bekenntnis zu dieser Community und zu Erdoğan. Und meine Mutter benutzt es gerne, wenn wir uns streiten, und hofft dabei, dass ich es wiederhole, so wie es üblich ist. Sie traut sich nicht, mich direkt zu fragen, ob ich mich noch zum Islam bekenne oder nicht. Und ich traue mich nicht, ihr zu sagen, dass ich nun mal keine Muslimin bin. Dass sie nach ihrem »Elhamdülillah« vergeblich darauf warten muss, dass ich sofort unaufgefordert dasselbe sage, macht sie kirre.

An dritter Stelle der Wertehierarchie kommen Muslime anderer Nationalitäten. Immerhin sind sie Glaubensbrüder, da fällt der Makel, dass sie keine Türken sind, nicht so sehr ins Gewicht. Eher solidarisiert man sich mit einem Glaubensbruder oder einer Glaubensschwester, denn die Religion ist wichtiger als die Nationalität. Man hat zwar allein wegen der Sprachbarriere genauso wenig mit nicht türkischen Muslimen zu tun wie mit allen anderen Nichttürken. Auf religiöser Ebene sind sie jedoch so viel wert wie man selber.

Weiter unten auf der Skala stehen Christen. Seien es nun deutsche Christen oder bekennende Christen anderer Nationalitäten. Auch wenn sie an den falschen Gott glauben, glauben sie immerhin. Sie können ja nichts dafür, dass es der falsche Gott ist, dem sie huldigen.

Erst nach den bekennenden Christen kommen Deutsche, die in die christlich geprägte Kultur hineingeboren wurden und an Traditionen wie etwa Weihnachten und Ostern festhalten, sich selber aber nicht als gläubig bezeichnen würden – bei den meisten Deutschen spielt die Religion sowieso keine übergeordnete Rolle. Nicht türkisch und dann zu allem Überfluss nicht einmal richtig gläubig zu sein – das geht nun wirklich nicht. Mit Menschen, die weder derselben Nationalität noch einer ähnlichen monotheistischen Religionsgemeinschaft angehören, verbindet einen gläubigen Muslim gar nichts, sie sind einem ziemlich gleichgültig. Es geht allerdings noch schlimmer. Als Deutscher ist man nämlich nicht das Allerletzte.

Ganz unten stehen die Türken, die keine Muslime sind. Derselben Nationalität anzugehören und trotzdem nicht den Islam zu vertreten, ist das Schlimmste, was du tun kannst. Denn anders als die Deutschen oder Christen anderer Nationalität, die ja nichts dafürkönnen, hast du dich bewusst gegen den Islam entschieden, obwohl du wahrscheinlich in eine muslimische Familie hineingeboren wurdest. Du hast etwas aus freiem Willen getan – schäm dich! Ach ja, Deutsche, die aus freiem Willen zum Islam konvertieren, sind natürlich super! Hochachtung davor, dass sie sich informiert haben und aus Überzeugung Muslime geworden sind. So ganz vollwertig sind sie aber irgendwie dennoch nicht. Man spricht über sie wie über etwas Belustigendes, Niedliches. Respekt ist das nicht. Immerhin gibt man sich Mühe, deutsche Muslime zu mögen.

Türken, die sich gegen den Islam entschieden haben, stehen in der Hierarchie der deutschtürkischen Parallelgesellschaft an unterster Stelle. So wie ich. Deswegen bin ich ja auch »schlimmer als eine Deutsche«. Ich zähle für sie und für die anderen konservativen Muslime zu den »weißen Türken«.

Die Unterscheidung »weiße Türken« und »schwarze Türken« wurde von verschiedenen türkischen Wissenschaftlern und Journalisten geprägt. Seit der Gründung der Republik durch Atatürk 1923 stört sich ein Teil der türkischen Gesellschaft an dem laizistischem System, das alle ungeachtet ihrer Religionszugehörigkeit gleich behandelt und niemanden benachteiligt. Insbesondere gläubige Muslime trauern immer noch den Privilegien nach, die sie im Osmanischen Reich genossen. Sie haben sich aus Trotz in eine Opferrolle begeben, und sie setzen viel daran, sich in der öffentlichen Wahrnehmung innerhalb wie außerhalb der Türkei als unterdrückter Bevölkerungsteil in Szene zu setzen. So sehen sich die türkischen Befürworter der Demokratie permanent dem Vorwurf ausgesetzt, sie diskriminierten die provinziellen, religiösen und ärmeren Muslime aus dem Osten der Türkei. Es ist eine Inszenierung, die dazu dient, die türkische Gesellschaft zu spalten: Auf der einen Seite sieht man diejenigen, die auf der Sonnenseite des Lebens stehen, auf der anderen diejenigen, die diskriminiert werden und deswegen geringere Chancen haben.

Natürlich hat sich Recep Tayyip Erdoğan diese Terminologie zunutze gemacht, um den Bevölkerungsteil, der in den Kategorien »weiße Türken/schwarze Türken« denkt, in diesem Glauben zu halten und Öl in das Feuer der Demokratiefeindlichkeit zu gießen: »Denn sie nennen unsereinen ›schwarze Türken‹. Und ich fühle mich geehrt, solch ein schwarzer Türke zu sein.«[17]

Ein Türke, der sich für die Demokratie und gegen Erdoğan ausspricht, gerät automatisch in Verdacht, provinziellere Bevölkerungsteile geringzuschätzen. Dabei geht es einem Demokraten ja gerade darum, dass niemand benachteiligt wird. Aber die Parallelgesellschaft möchte das nicht hören. Selbst Muslime, die ihren Glauben hinterfragen, den Islam jedoch als eine friedliche Religion interpretieren und deswegen beim Islam bleiben, gelten als halbherzige Muslime. Auch ihnen traut man nicht, weil sie nicht fundamental glauben.

Es ist absurd, dass gerade die Parallelgesellschaft, die den Deutschen gerne bei jeder sich bietenden Gelegenheit als Nazi beschimpft, selbst antisemitisch, homophob, frauenfeindlich, antichristlich, antiwestlich und anti-türkisch-demokratisch ist.

Die Deutschtürken der Parallelgesellschaft setzen alles daran, Deutschland als dieses böse Land darzustellen, das Migranten benachteiligt. Aber wenn mir je das Gefühl gegeben wurde, als Türkin in Deutschland keine Chancen zu haben, dann von meiner eigenen Familie. Während sie sich für den deutschtürkischen Rassismus blind zeigt, wittert sie bei den Mitgliedern der deutschen Mehrheitsgesellschaft an jeder Ecke fremdenfeindliche Motive.

Als ich nach Köln zog, folgte auf meine erste kleine Einzimmerwohnung zwischen Rudolfplatz und Belgischem Viertel meine erste WG im schönen Lindenthal. Ein Jahr später mietete ich mir eine Wohnung am Zülpicher Wall an, ganz in der Nähe der Uni, und suchte mir zwei neue Mitbewohner. Als ich die Wohnung besichtigte, war sie eine kleine, dunkle Bruchbude. Das Bad hatte anstelle von Fliesen einen alten Holzdielenboden, und das grüne Waschbecken und die Badewanne ließen nur erahnen, wann das letzte Mal renoviert worden war. Das Bad musste erneuert werden. Während ich mein eigenes Zimmer einrichtete, musste das andere für den Bauschutt herhalten. Das führte dazu, dass alle WG-Bewerber, die zur Besichtigung kamen, absagten. Als dann der Bauschutt endlich raus war, konnte ich mich vor Einzugswilligen nicht mehr retten. Am Ende musste ich mich zwischen mehreren Studenten entscheiden. Meine

Mutter hatte mir vorher unaufhörlich in den Ohren gelegen, niemand wolle mit mir zusammenziehen, weil ich türkischer Herkunft sei. Obwohl ich ihr von dem Bauschutt und der alten Toilette erzählte, die eine Zeit lang mitten im Zimmer stand, war sie fest davon überzeugt, dass die ersten Absagen potenzieller Mitbewohner ein Beweis für den Rassismus der Deutschen gewesen seien. Ich sollte es endlich einsehen.

Die Bewerber für die WG kamen, obwohl sie aus der Anzeige, in der ich mich ausführlich vorgestellt und sogar einen Link zu meinem Facebook-Profil hinterlassen hatte, bereits meinen türkischen Namen kannten. Von Diskriminierung konnte also nicht die Rede sein. Trotzdem redete meine Mutter mir das ständig ein. »Sie wollen dich nicht!«, wiederholte sie immer und immer wieder. Es gelang ihr, mich in meiner Aufbruchsstimmung zu bremsen, weil ich ihre Taktik erst einmal nicht als solche erkannte und zuließ, dass sie mich traurig machte. Erst später verstand ich, dass sie lediglich dagegen rebellierte, dass ich eine Wohnung mit Fremden teilen wollte. Sie wurde nicht müde, mir die Vorteile des Alleinlebens vor Augen zu halten, und wollte nicht verstehen, dass ich mich nach dem Studentenleben sehnte mit all seinen Vor- und Nachteilen.

Während meiner Suche nach passenden Mitbewohnern meldete sich eine deutschtürkische Bekannte, die fragte, ob sie das Zimmer haben könne. Für meine Mutter stand natürlich fest, dass ich angesichts dieser einen deutschtürkischen Bewerbung alle anderen ausschlagen musste. Das war für sie gar keine Frage, sondern eine Selbstverständlichkeit. Zu ihrem Ärger wählte ich jedoch unter den Bewerbern ausgerechnet einen blonden Holländer als neuen Mitbewohner.

Die Schule ist ein Ort, an dem das Integrationsproblem auf den Schultern der Lehrer landet. Ich glaube, dass wir als Gesellschaft unsere Lehrer zu wenig wertschätzen, denn sie leisten tagtäglich in den Schulen weit mehr, als nur Lernstoff zu vermitteln. In Gesprächen mit Lehrern, die mal notgedrungen, mal leidenschaftlich versuchen, dem Integrationsproblem richtig zu begegnen, erlebe ich sie oft ratlos und verzweifelt. Obwohl sie nach bestem Wissen und Gewissen handeln, stehen sie am Ende häufig trotzdem als fremdenfeindlich da, und man wirft ihnen vor, die deutschen Kinder zu bevorzugen und die deutschtürkischen Kinder bewusst zu benachteiligen.

Ich hatte in der Schule oft schlechte Noten. Dennoch habe ich dafür nie die Lehrer verantwortlich gemacht. Weil ich wusste, dass ich bloß dann schlechte Noten bekam, wenn ich keinen Bock hatte und mir dementsprechend nicht wirklich Mühe gegeben hatte. In meinem deutschtürkischen Umfeld hingegen hörte ich ständig von bösen deutschen Lehrern, denen man unterstellte, innerlich Nazis zu sein und den deutschtürkischen Kindern deswegen schlechte Noten zu verpassen. Statt sie zum Lernen zu ermutigen, flüstern deutschtürkische Eltern ihren Kindern ständig ein, ihre Lehrer seien fremdenfeindlich. Die Kinder ziehen daraus ihre Schlüsse, legen sich in der Schule mit den Lehren an und veranstalten unnötig Krawall. Wenn ich den Jungs und Mädels aus der Verwandtschaft mal begegne und sie frage, wie es in der Schule läuft, dann ertönen im Hintergrund gleich die Stimmen der Erwachsenen, die mir von den ach so fremdenfeindlichen Lehrern erzählen, um die schlechten Noten ihrer Kinder zu entschuldigen. Die Kinder, die mich mit großen Augen anschauen, weil sie mich eigentlich gerne mit guten Noten überraschen würden, machen das

Ganze mit: »Ja, es stimmt! Frau Soundso mag mich nicht«, oder: »Herr Soundso gibt allen Schülern schlechte Noten, die er nicht mag« und »Andere haben sich auch schon beschwert!« Dann erzählen sie mir von Streitereien zwischen den deutschtürkischen Schülern und den Lehrern. Es ist, als gehörten solche Szenen zur Parallelgesellschaft dazu. Es gibt da Sätze, die diese Lehrer angeblich immer wieder sagen, um den Schüler aus dem jeweiligen Zusammenhang heraus an seine ausländische Herkunft zu erinnern. Sätze, die aufhören mit »wo du hergekommen bist«.

Ich habe diesen Satz selbst einmal zu hören bekommen. Allerdings nicht etwa von einem deutschen Lehrer, sondern von einer türkischen Verwandten. In einer Auseinandersetzung, in der sie mich als Egoistin bezeichnete, weil ich in meinem Leben mache, was ich wolle: »Du solltest nicht vergessen, wo du hergekommen bist.« Ausgerechnet sie, die Weltmeisterin im Lehrerbashing, die den Lehrer ihres Kindes für diesen Satz sofort verklagen würde. Dabei habe gewiss nicht ich vergessen, wo ich herkomme, sondern diejenigen, die außerhalb ihres gelobten Landes mit ihrem Verhalten ein so hässliches Bild von den Türken verbreiten. Die betroffenen Kinder jedenfalls kommen nie zum erwünschten Erfolg, weil sie nicht an der richtigen Stelle damit anfangen, ihre Noten zu verbessern: Sie selbst und ihre Familien sind der Grund für ihren Misserfolg, nicht die Lehrer.

Außerdem hilft es den deutschtürkischen Kindern nicht, wenn ihre Eltern ihnen einreden, sie hätten keine Chancen. Meine Mutter, meine Schwester und ich besuchten einmal eine deutschtürkische Familie, in der die Eltern sich fast rührend um den schulischen Erfolg ihrer Kinder sorgten, was innerhalb der Parallelgesellschaft eine lobenswerte Sache ist. So, wie wir uns über sie freuten, schienen sie sich über uns zu freuen, gerade weil wir wie sie eine deutsch-türkische Familie waren, in der Bildung groß geschrieben wurde. Ich glaube, die zwei Töchter, die jünger waren als wir, sahen in meiner Schwester und mir Vorbilder, weil wir aufs Gymnasium gingen, und das wollten sie auch. In unserem Gespräch aber äußerte der Vater der Mädchen etwas, das mich enttäuschte: »Ich sage meinen Kindern, sie müssen sich doppelt so viel Mühe geben wie ihre deutschen Mitschüler.« Nein, sagte ich, das stimmt nicht. Das wiederum verwunderte den Mann, und er fragte noch einmal nach, ob ich denn nicht glaube, dass man als türkischer Schüler doppelt so viel geben muss, um genauso erfolgreich zu sein wie die deutschen Mitschüler. Und ich verneinte noch einmal. Ich finde, dass es der falsche Ansatz ist, seinen Kindern einzuimpfen, dass sie in Deutschland weniger Chancen haben als andere. Im besten Fall entsteht daraus eine Art negativer Ehrgeiz im Sinne von »Denen zeig ich's«, sicher jedoch kein positives Bewusstsein, dass sie ein Teil dieses Landes sind und nur ihre Hausaufgaben machen müssen, um im Leben Erfolg zu haben.

In der Schule kann man wunderbar beobachten, wie die Deutschtürken ihre eigene, stereotype Fremdenfeindlichkeit gegenüber den Deutschen kaschieren, indem sie umgekehrt den Deutschen überall und jederzeit Fremdenfeindlichkeit vorwerfen. Und genauso hatte meine Mutter es gemacht, als ich neue Mitbewohner suchte: Denen, die absagten, unterstellte sie fremdenfeindliche Motive, sie selbst aber wollte, dass ich eine Deutschtürkin aufnehme und allen anderen eine Absage erteile.

Wer in der Parallelgesellschaft nach Anerkennung sucht, gibt sich besonders gläubig. Hoch angesehen sind Türken, die die Pilgerstätte Mekka besucht haben. In der Regel machen das Senioren, die es sich zutrauen, den Rest ihres Lebens ohne Sünden zu verbringen, denn die Gemeinde geht davon aus, dass man nach einem Besuch in der heiligen Stadt Mekka noch mehr Verantwortung als vorbildlicher Muslim trägt und sich noch strenger an die religiösen Gesetze hält. Wer nach Mekka gepilgert ist, gilt als von Gott gesegnet und wird von der Parallelgesellschaft als Ehrenmitglied gefeiert.

Treten junge Menschen, die den größten Teil ihres Lebens noch vor sich haben, die Reise nach Mekka an, werden sie in der Community regelrecht gehypt. Dass sie sich trotz ihres jungen Alters den Regeln des Islam verschreiben, fordert Deutschtürken den größten Respekt ab. Ich glaube, häufig geht es diesen jungen Gläubigen mehr darum, gesellschaftliche Pluspunkte zu sammeln, als um ehrliche religiöse Überzeugungen. Denn den sogenannten »Hadschis«, die an der islamischen Pilgerfahrt teilgenommen haben, und genauso denen, die Mekka bereist haben, ohne die Kaaba, das heiligste islamische Monument zu besuchen, ist die Anerkennung der Parallelgesellschaft sicher.

Es ist Tradition, dass die Reisenden vorher alle Verwandten und Bekannten anrufen, um sich ihren Segen zu holen und um sicherzustellen, dass sie im Reinen miteinander sind. Nach Mekka soll es sündenfrei gehen. Ich musste mir jeglichen skeptischen Kommentar verkneifen, als mich eine entfernte Verwandte anrief, mit der ich nie auch nur ein persönliches Wort gewechselt hatte, um sich nach Mekka zu verabschieden. Ich nahm all meinen Anstand zusammen und wiederholte die Floskeln, die ich bei meiner Mutter gehört hatte, als sie die angehende Heilige am Telefon verabschiedet hatte. So etwas wie »Möge Gott es in Kenntnis nehmen« und anderen unsinnigen Kram.

Auch wenn ein Mädchen ein Kopftuch trägt, kommt das in der Community unheimlich gut an. Als ich den Namen einer jungen deutschtürkischen Verwandten unter den Freundesvorschlägen auf Facebook sah, schaute ich genauer hin und bemerkte anhand ihres Profilbildes, dass sie inzwischen Kopftuch trug. Ich war schockiert und zugleich ein bisschen enttäuscht, weil ich mir von ihr eigentlich mehr für den Fortschritt der Gemeinde erhofft hatte. Ich hatte Träume gesehen, die sie verwirklichen würde, weil sie einen eigenen Kopf besaß, den sie in ihrer Familie in anderen Dingen schonungslos und ohne Kompromisse durchsetzte. Doch nun hatte sie noch nicht einmal die Schule abgeschlossen, und schon hatte ich sie an die Parallelgesellschaft verloren.

Meine Mutter war begeistert von der frühen Entscheidung der Kleinen. Natürlich voller Bewunderung erzählte sie mir, wie gut sie das hinkricge. Ich wusste, dass damit die Einhaltung der parallelgesellschaftlichen und muslimischen Regeln gemeint war, fragte aber trotzdem nach, was denn genau das Mädchen gut »hinkriege«. Da drückte sich meine Mutter. »Das Binden des Kopftuches«, sagte sie und wich auf das handwerkliche Können aus, das angeblich dahintersteckt. Sie selber könne das trotz ihres Alters nicht so gut wie das junge Mädchen. Wieder traute ich mich nicht zu sagen, was ich dachte, weil ich damit die ganze rosarote Welt meiner Mutter vernichtet hätte. Dabei gibt es wahrhaftig Wichtigeres, was junge Frauen auf dieser Welt erreichen können, als ihr Kopftuch in verschiedenen modischen Variationen zu binden.

Um der Anerkennung der Parallelgesellschaft willen verschreiben sich junge Leute den islamischen Verpflichtungen. Damit verriegeln sie gleichzeitig die Türen zur

Integration. Nur damit die Älteren der Gemeinde sagen: »Oh, schau mal wie toll!« Vor allem beim Kopftuch, diesem sichtbaren Dazugehörigkeitssymbol, lautet eine ungeschriebene parallelgesellschaftliche Vorschrift, dass man es sich nicht noch einmal anders überlegen kann. Wenn das Kopftuch einmal gewählt ist, gibt es kaum ein Zurück. Es ist in der Parallelgesellschaft nämlich noch verpönter, ein Kopftuch wieder abzulegen, als gar nicht erst eins getragen zu haben. So verschließen sich die Frauen mit dem Kopftuch vor der Integration, denn nun wird es für sie schwieriger, einen Job zu finden oder Dinge zu unternehmen, die man nun einmal mit Kopftuch nicht macht.

Ungeachtet solcher Probleme findet alles Religiöse höchste Anerkennung. Dabei wird in der Parallelgesellschaft immer in einem Gegeneinander gedacht. »Wir Türken« gegen »die Deutschen«. Was ist besser – darum geht es ständig, wenn ich meine Mutter besuche. Für sie ist das Türkische oder Muslimische immer besser als das Deutsche. Professor Harald Lesch, dessen Physikvorträge ich gerne auf YouTube anhöre, um abzuschalten (die rein wissenschaftliche Erklärung der Welt wirkt beruhigend auf das muslimische Chaos in meinem Kopf), verwendet dafür die Formulierung »Chauvinismus – der Glaube an die Überlegenheit der eigenen Gruppe«.[18] Wie treffend beschreibt dieses Schlagwort das, was meine Mutter tut und was mich so sehr stört, wenn sie alles Deutsche schlecht- und alles Türkische gutredet. Es ist »Chauvinismus«. Jetzt hatte ich ein Wort dafür.

Wenn ich meiner Mutter sage, ich ernähre mich zum Teil rohvegan, dann ist sie empört und bezeichnet das als Schnapsidee. Wenn ich es anders, weniger neuartig formuliere und ihr sage, dass ich Speisen mit Datteln statt mit industriell verarbeitetem Zucker süße, dann folgt eine Predigt darüber, wie wundervoll es sei, dass Allah uns eine solch nahrhafte Frucht geschenkt und der Prophet Mohammed sie empfohlen hat. Wenn ich meiner Mutter eine Avocado als Zutat zum gemeinsamen Kochen mitbringe, dann erntet diese so despektierliche Blicke, dass ich mich im Nachhinein bei der Avocado für die Herablassung entschuldigen möchte. Erst als eine muslimische Ärztin in einer Sendung des türkischen Fernsehens von den Vorteilen einer Avocado sprach, wurde sie mit Freude und Respekt in den Speiseplan aufgenommen.

Meine Mutter schimpft oft darüber, dass ich mal wieder irgendwelchen unnützen »Schrott« im Bioladen gekauft habe, wenn sie etwa das Johannisbrotkernmehl in meinem Küchenschrank sieht. Nach ihrem Türkeiurlaub aber schleppt sie einen schweren Pott »Keçiboynuzu Pekmezi« nach Deutschland, für den sie gerne Übergepäck zahlt, weil er so gesund ist. »Keçiboynuzu Pekmezi« ist die türkische Bezeichnung für Johannisbrotsirup. Erst wenn Dinge aus dem muslimisch-türkischen Umfeld kommen, sind sie gut. Wenn ich etwas empfehle, ist es schlecht, wenn der Islam dieselben Dinge empfiehlt, sind sie gut. »Ich werde nicht gehört, schließlich habe ich keinen Bart« (»Sakalım yok ki sözüm dinlensin«), lautet ein türkisches Sprichwort. Es verweist auf den überhöhten Respekt, der gläubigen Männern in der muslimisch-türkischen Kultur entgegengebracht wird, während gleichwertige Frauen keine Anerkennung für ihre Leistungen bekommen.

Immer muss betont werden, dass die Tomaten aus der Türkei besser schmecken als die hierzulande verbreiteten Tomaten aus Holland. Man nimmt pantomimisch eine Tomate in die Hand, führt sie an die Nase und fällt fast um, weil sie so gut riecht. Die in Deutschland schmecken nicht! Nach nichts schmecken die! Selbst die Gurken riechen anders! Kann man nicht vergleichen! Was zur Hölle, frage ich mich dann. Die Türkei liegt nun einmal etwa zweitausend Kilometer weit entfernt und etwas näher am Äquator als Deutschland. Natürlich kann man die Qualität von Gemüse aus sonnenstarken und Gemüse aus sonnenschwachen Ländern nicht vergleichen. Dafür hat Deutschland andere Qualitäten, so wie jedes Land auf der Welt andere Reichtümer hat. Wenn ich das sage, bin ich wieder einmal die Böse, die immer bloß auf der Seite der Deutschen steht. Denn es geht ihnen nun einmal nicht wirklich um Gurken und Tomaten, sondern um das Gegeneinander.

Selbst das bessere Wetter betrachtet der typische Deutschtürke als einen Grund, sich dem Deutschen überlegen zu fühlen. »Kaum ist die Sonne raus, schon ziehen sich die Deutschen aus«, spottet man unter Deutschtürken.

Noch absurder wird es, wenn es um die kulinarischen Gemeinsamkeiten des Mittelmeerraumes geht: Baklava, Gyros, Tzatziki. Von den näher gelegenen europäischen Kulturen muss man sich besonders deutlich distanzieren. Denn die Tatsache, dass es die eigenen Gerichte variiert auch in anderen Kulturkreisen gibt, mit denen man irgendwie verwurzelt ist, leugnet man lieber. Man ist sich sicher: Alle guten Gerichte wurden von Türken erfunden – selbst wenn man das eigentlich gar nicht so genau weiß. Eine Verwandte erzählte einmal, wie sie sich auf der Arbeit mit ihrer russischen Kollegin darüber stritt, dass deren Teigtaschen, sogenannte »Manti«, eigentlich anders gemacht werden, nämlich kleiner zu sein haben, als die türkischen »Mantı«. Ganz anders hingegen macht es der Unternehmer Hamdi Ulukaya, Sohn eines Hirten aus einem Dorf im Osten der Türkei, der von seinem selbst gemachten Joghurt lebte und später mit diesem Joghurt in den USA ein Milliardengeschäft gemacht. Dort wird der Joghurt »Greek Joghurt« genannt. Ulukaya stört sich nicht daran, und es ist ihm ebenfalls egal, ob man ihn einen Türken oder Kurden nennt.

Ich habe es mittlerweile aufgegeben, mit meiner Mutter mal andere Restaurants zu besuchen als immer die türkischen. Selbst wenn es das hässlichste Restaurant der Welt ist, fühlt sie sich in einem türkischen Restaurant wie im siebten Himmel. Voller Freundlichkeit zeigt sie sich gegenüber den Kellnern und anderen Gästen. In jedem anderen Restaurant zieht sie ein grimmiges Gesicht. Einmal gingen wir auf meinen Vorschlag hin in ein afghanisches Restaurant, das in einer Kölner Zeitschrift empfohlen worden war, und ich freute mich darauf, mal etwas Exotisches auszuprobieren. Statt jedoch das köstliche Essen zu genießen, erklärte meine Mutter den ganzen Abend lang, dass man dieses und jenes Gericht nicht so mache, sondern so. Seitdem schlage ich nur noch türkische Restaurants vor, wenn ich mich mit meiner Mutter treffe. Sie wird sich niemals für andere begeistern, und ich quäle damit nicht bloß sie, sondern auch mich selbst. Ich frage sie erst recht nicht, ob wir deutsch essen gehen. Dabei hat sie früher alle möglichen anderen Sachen für uns gekocht. Zum Beispiel italienische Gnocchi, japanischen Basmatireis, den sie liebt, und hin und wieder mal Rotkohl und Salzkartoffeln.

Es amüsiert mich regelrecht zu sehen, wie eine meiner Verwandten es jedes Jahr von Neuem schafft, sich voller Hass über alle Menschen zu ärgern, die keine Christen sind und trotzdem einen Weihnachtsbaum zu Hause aufstellen. So, wie das Weihnachtsfest für die meisten mittlerweile eher Tradition als Religion ist, erfreuen sich auch sehr viele Menschen in der Türkei an den bunten Dekorationen zu Weihnachten. Zahlreiche Einkaufszentren verwandeln sich jedes Jahr in winterliche Weihnachtslandschaften. Um das Ganze rechtfertigen zu können, nennen die Türken es einfach das Neujahrsfest. Die Verwandte bringt das um den Verstand. Sie wird nicht müde zu erklären, dass der Weihnachtsbaum nicht an Silvester aufgestellt wird, sondern an Weihnachten. Eigentlich wissen die Türken das. Sie schauen schließlich genug amerikanische Serien. Aber warum soll man ihnen den Spaß verderben? Meine Verwandte allerdings will partout nicht einsehen, dass die Menschen aus ihrem Kulturkreis ebenfalls Spaß an der westlichen Kultur haben können. Am liebsten würde sie ihnen das verbieten. »Sie sind so scharf auf das Fremde«, sagt sie dann gerne. So als wäre das Fremde etwas Schlimmes. Das Zusammenwachsen von Kulturen ärgert die Integrationsverweigerer. Deswegen sind ihnen die deutschen Populisten und sogar Nazis insgeheim lieber als Parteien und Bürger der deutschen Mitte, die sich trotz großer Herausforderungen in ihrer Toleranz nicht verbiegen lassen und sich ihre Weltoffenheit bewahren. Und ich schmücke den Verweigerern zum Trotz meinen Weihnachtsbaum jedes Jahr umso üppiger. Für mich bedeutet er so viel mehr als für viele andere.

Für mich ist die Abwertung aller Nichttürken Rassismus. Und Rassismus ist nicht besser, wenn er auf muslimischer Seite passiert. Deswegen darf man die türkischen Rassisten nicht anders behandeln, als man deutsche Rassisten behandelt. Man muss ihnen ihren Rassismus vor Augen halten.

Der Rassismus in der deutschtürkischen Parallelgesellschaft ist im Moment sogar besorgniserregender als der deutsche Rechtsextremismus, weil der Rassismus unter den Deutschtürken, anders als der deutsche Rechtsextremismus, nicht als solcher behandelt wird. An den abscheulichen, versteckten Rassismus der Deutschtürken kommen einzig AfD und PEGIDA heran. Eigentlich lustig, wie ähnlich sie sich sind, die deutschen und die türkischen »gemäßigten« Rassisten, oder? Dabei wollen sie sich doch besonders stark voneinander unterscheiden. Als Mensch, der zwei Kulturen aus unmittelbarer Nähe kennt, habe ich leider schlechte Nachrichten: Ihr seid ein und dasselbe. Den Denkern an der Spitze dieser Bewegungen mag es bewusst sein, aber die durchschnittlichen Anhänger übersehen, wie sehr sie sich ihrem Hassobjekt ähneln. Es muss einem türkischen Erdoğan-Fan echt wehtun zu hören, dass er im Prinzip dasselbe tut wie ein AfD-Anhänger, so wie es für einen AfD-Anhänger schwer zu verkraften sein muss, wie erschreckend ähnlich sein Charakter dem des hässlichen Erdoğan-Befürworters ist. Rassismus ist eben immer falsch. Populismus ist nicht der richtige Weg. Der gemeinsame Kampf gegen die Rassisten hingegen schon. Das geht jedoch nur, wenn man selber nicht rassistisch ist.

Wir müssen unser Recht einfordern, dass wir unseren Unmut zum Ausdruck bringen dürfen, ohne gleich als fremdenfeindlich zu gelten. Dann würde dieser Unmut nicht zum Frust werden, der viele zu den Rassisten treibt.

Ich warne in meinem Blog vor Rechtsextremismus und erzähle im selben Atemzug von meinem Verwandten, der im Beisein seines Kindes von »den dreckigen Griechen« spricht. Ich scheue mich nicht, davon zu berichten, dass ein zwölfjähriger Junge den Satz fallen ließ, man solle die Deutschen am besten vergasen. Für ihn war dieser schreckliche Satz lediglich die logische Schlussfolgerung aus dem alltäglichen Rassismus seiner Mutter, die sich danach in meinem Beisein künstlich über ihren Sohn empörte. Schließlich möchte sie trotz ihres Hasses auf die Deutschen integriert wirken. Es wäre ihr daher peinlich, selbst als ein Rassist dazustehen, obwohl sie die Deutschen pauschal mit dieser Beschimpfung beleidigt. Aber genau dieser stille Rassismus ist gefährlich, weil er gesellschaftlich akzeptiert ist und deswegen kaum auffällt. Er macht mir mehr Angst als der Rassismus eines Nazis, dem man seine Haltung wenigstens ansieht.

Ein weiterer Satz, der für die deutschtürkische Parallelgesellschaft völlig normal ist und eine Art Leitspruch darstellt, lautet: »Kahrolsun Israil!«, was übersetzt bedeutet: »Nieder mit Israel!« Als Deutschtürke wird man für derlei Antisemitismus ebenso wenig angeprangert wie für die Deutschenfeindlichkeit und die Diskriminierung vieler weiterer Gruppen. Im Gegenteil, je mehr sich jemand gegen Deutsche, Juden und so weiter äußert, desto höher steigt er in der Hierarchie der Parallelgesellschaft. Es ist wie bei der Religiosität. Je religiöser du bist, desto mehr gehörst du in der Parallelgesellschaft dazu. Und: Je rassistischer du bist, desto mehr gehörst du dazu. Da ich angesichts der Deutschenfeindlichkeit, der ich begegne, ständig für die Deutschen einstehe, gehöre ich naturgemäß nicht dazu. Die jungen Frauen in der Verwandtschaft, die sich gegen Deutsche, Juden, Homosexuelle, gegen Frauen, Christen und Europäer äußern, sehr wohl, denn sie sind prima. So erzählte die Verwandte, die sich im zarten Alter von dreizehn Jahren für das Kopftuch entschieden hatte, einmal etwas von einer Liste, auf der Produkte aufgelistet waren, die von Israel und den USA hergestellt wurden und die deswegen zu boykottieren seien. Statt Coca-Cola zum Beispiel solle man besser Cola Turka trinken. Es sei gar nicht so schwer, diese Liste im Internet zu finden, versicherte sie uns. Ich schaute verwirrt ihre Eltern an. Aber die taten so, als sei nichts passiert. Für sie war das scheinbar nicht nur normal, sondern gut so.

Auch türkische Aleviten sind nicht besonders beliebt in der deutschtürkischen Parallelgesellschaft. Der Alevitismus ist eine Glaubensrichtung, die zum Islam gezählt wird, dessen Mitglieder jedoch anders als die Mehrheit der sunnitischen Deutschtürken an den heiligen Ali als rechtmäßigen Nachfolger Mohammeds in der Reihe der Kalifen glauben. Es handelt sich um eine türkischstämmige Glaubensgemeinschaft, die den Schiiten zugeordnet wird. Als Kind weißt du nicht viel darüber, was genau der Unterschied zwischen deinen türkischen Verwandten und den Türken sein soll, die dieses Schwert als Symbol haben und es zum Teil um den Hals tragen. Aber du lernst: Die sind etwas Schlechteres als die anderen Türken. Wenn von einem alevitischen Türken die Rede war, dann wurde bloß geflüstert. Es ist, als würde jemand die Frechheit besitzen, trotz türkischer Nationalität griechisch-orthodox zu sein. Als hätten diese Menschen irgendetwas Schlimmes angerichtet. Fakt ist, dass die Aleviten sich weniger streng an muslimische Regeln wie das Ausgehverbot, das Schweinefleischverbot und das Deutschemännerverbot halten. In ihren Familien wird häufiger Gitarre gespielt und gesungen. Außerdem fallen sie durch ihr stärkeres Engagement für die Integration auf, indem sie Veranstaltungen organisieren, die auch Deutsche mit einbeziehen. Irgendwann begriff ich, dass sie gerade wegen ihrer Nähe zu Kunst und Kultur bei der Parallelgesellschaft sehr unbeliebt sind.

Ich erinnere mich an einen Dialog aus meiner Kindheit. Wir standen mit einer Verwandten vor dem Haus meines Opas in Istanbul und aßen Eis. Ich erinnere mich nicht mehr an den Anlass, ich war etwa fünf Jahre alt und muss damals schon angefangen haben, eine Obsession für Zeiteffizienz zu entwickeln, denn ich schloss die Augen und sagte träumerisch: »Ich wäre jetzt gerne in Deutschland, da ist es eine Stunde früher!« Abrupt weckte mich meine Verwandte aus diesem schönen Traum: »Pass auf, was du sagst!«, schallte es mir wie eine Ohrfeige ins Gesicht. Ich war perplex. Ich wusste nicht, wie mir geschah – ich hatte doch gar nichts Böses gesagt. Aber wie man es in diesem Alter tut, stellte ich die Aussage eines Erwachsenen nicht infrage. Ich verstand nur: Du sollst nichts Gutes über Deutschland sagen und die Türkei dadurch geringschätzen. Auf diese subtile Art wird deutschtürkischen Kindern die Deutschlandfeindlichkeit eingeimpft.

Später erlebte ich, wie man die Kleinen erschreckte mit »Der Deutsche kommt!«, wenn sie nicht auf die Straße laufen oder sich im Auto anschnallen sollten. Das sollte lustig gemeint sein, zeigt jedoch, wie unverantwortlich die Erwachsenen ihre Kinder in Bezug auf das Land erzogen, in dem sie lebten.

Ist es nicht rassistisch, dass die meisten Deutschtürken ausschließlich Deutschtürken oder Türken heiraten, obwohl sie weniger als vier Prozent der Gesamtbevölkerung darstellen?[19] Aus über achtzig Millionen suchen sie sich gezielt einen Partner, der wie sie selbst deutschtürkisch ist. Sie wählen ihren Partner also nach Ethnie, um es mal deutlich zu sagen. Das liegt meiner Meinung nach weniger an der Diskriminierung von außen als daran, dass viele Deutschtürken schlichtweg keinen deutschen Partner haben wollen. Als ich meiner Mutter zum ersten Mal sagte, dass ich keinen Türken als Freund haben, geschweige denn einen heiraten möchte, bedeutete das für sie, dass ich die Deutschtürken diskriminierte. Dabei ist die Wahrscheinlichkeit, mich in einen Türken zu verlieben, allein schon zahlenmäßig gering, da mir im Alltag fast nur Deutsche begegnen. Wenn ich in der Türkei leben würde, sähe das logischerweise ganz anders aus. Da wären Türken in der Mehrheit, also wäre es auch wahrscheinlicher, dass ich mich in einen Türken verliebe.

Wer einen deutschen Freund hat, gilt in der Parallelgesellschaft als »eingedeutscht«. »Die ist total eingedeutscht«, lästern deutschtürkische Mädels, und seit ich im Teenageralter war, spürte ich, dass sie auch über mich auf diese Art und Weise redeten. Als ich während des Studiums hin und wieder als Hostess im Rheinenergiestadion jobbte, passierte einmal etwas, das dieses Gespür bestätigte. In den abgesonderten Bereichen für die Logengäste herrschte eine höfliche, freundliche Atmosphäre. Die Gäste waren sehr diskret. Selbst wenn mal der ein oder andere Mann mit einem flirten wollte, bewahrte er eine gewisse Diskretion, was ja in Ordnung ist. An einem der Spieltage sprach mich ein junger Deutschtürke an, ohne zu bemerken, dass ich Abstand bewahren wollte. Als er das nicht akzeptierte, blieb mir nichts anderes übrig, als zu behaupten, ich sei vergeben, obwohl das nicht der Fall war. Später im Vorbeigehen hörte ich ungewollt, wie sein ebenfalls deutschtürkischer Freund ihm »gut« zuredete: »Siehst du nicht, wie sie aussieht und wie die anderen Männer mit ihr sprechen und sie dabei lächelt? Die ist doch voll eingedeutscht! Bestimmt ist auch ihr Freund ein Deutscher! Der heißt bestimmt Sebastian oder Benjamin oder so!«

»Eingedeutscht« ist unter Deutschtürken ein Schimpfwort, das sich gegen alle richtet, die sich integrieren. Es besagt, dass es keineswegs erstrebenswert ist, deutsch zu sein, sondern etwas Schlechtes. Deutlicher kann die Parallelgesellschaft wohl kaum zum Ausdruck bringen, was sie von den Deutschen hält!

Das war sogar schon in der Grundschule so. Die deutschtürkischen Kinder klammerten sich immer aneinander. Um sich bei der Einschulung in der neuen Umgebung sicher zu fühlen, hängten sie sich an andere Kinder, die ihnen ähnlich waren. Schade nur, dass sie nicht sehen konnten, dass auch andere Kinder ihnen ähnlich waren, ja vielleicht sogar viel besser zu ihnen passten. Mit individuell ausgesuchten Freunden hätten sie im Laufe der Schulzeit ihre eigene Individualität gefördert, wohingegen sich der nach Ethnie ausgesuchte Freundeskreis allein auf die Gemeinsamkeit der Herkunft konzentrierte. Ich zum Beispiel liebte meine deutschtürkischen Mitschüler und Mitschülerinnen, aber meine Clique, mit der ich am Vierertisch zusammensaß, bestand aus Mitschülern, mit denen ich Wichtigeres gemeinsam hatte als die Herkunft: Max, Lisa und Steffen. Wir teilten denselben Grad an Neugier und an Ehrgeiz zum Beispiel und Spaß an denselben Sachen – dieselbe Wellenlänge eben. Wir spielten in den Pausen zusammen, gingen nach der Schule zusammen nach Hause und trafen uns an unseren Geburtstagen. Freundschaften in der Grundschule mögen für die Eltern unerheblich scheinen, doch ich glaube, dass meine Freunde in der Grundschule eine wichtige

Grundlage für mich waren. In derselben Konstellation hat man uns dann in dieselbe Klasse auf dem Gymnasium geschickt, worüber wir natürlich glücklich waren, weil man sich durch die vertrauten Mitschüler in der neuen Schule gleich ein Stück sicherer fühlte. Aus demselben Grund klammerte sich wohl auch die einzige deutschtürkische Mitschülerin auf der neuen Schule an mich, die ich nur vom Sehen her aus einer Parallelklasse in der Grundschule kannte und mit der ich vorher kein Wort gewechselt hatte. Ayşegül hieß sie. Für Ayşegül war es bloß logisch, dass sie auf der Suche nach neuen Freunden eine Deutschtürkin ins Auge fasste. Sie klebte bereits am ersten Schultag an mir, was mir unangenehm war, zumal sie kein Wort mit mir sprach. Ich konnte nicht verstehen, warum sie mich als Freundin ausgesucht hatte – schließlich verstanden wir uns nicht besonders. Auf einer Klassenfahrt kaufte sie uns dann sogar das Beste-Freunde-Amulett und gab mir eine Hälfte. Was mir ebenfalls unangenehm was, weil ich ja schon eine beste Freundin hatte.

Für sie sollten wir beste Freundinnen sein, weil wir gleicher Herkunft waren. Sie nahm nie an Aktivitäten außerhalb des Unterrichts teil, bei denen wir mit den anderen Mitschülern zusammenkamen. Niemals hätte sie auf eine Party gehen dürfen. Vielleicht war das der Grund, weshalb sie sich mit unglaublichem Fleiß am Unterricht beteiligte. Davon war ich wiederum so sehr beeindruckt, dass ich sie später richtig lieb gewann, wenngleich sie nicht wie ich gegen die Parallelgesellschaft rebellierte. Aber die Energie, die ich in den Widerstand gegen die muslimische Rückständigkeit investierte, hatte sie für das Lernen übrig. Einmal war ich bei ihr zu Hause, um mir von ihr etwas erklären zu lassen, was im Unterricht besprochen worden war, ich jedoch, in meinen Tagträumen verweilend, nicht mitbekommen hatte. Sie teilte sich ein Zimmer mit mehreren Geschwistern. Zwei Hochbetten an den Wänden links und rechts neben der Tür eines fünfzehn Quadratmeter großen Raumes. In der Mitte ein kleiner, quadratischer Tisch auf einem warmen orientalischen Teppich. Mehr brauchte man nicht, um erfolgreich zu sein. Ayşegül brauchte ihre Eltern gar nicht zu fragen, ob sie sich mit Freundinnen treffen durfte. Das wäre aussichtslos gewesen. Also bezog sie ihr Glück aus den gründlich erledigten Hausaufgaben und Klausurvorbereitungen, die sie auf dem kleinen Tisch erledigte, während ich glaubte, jeden Beautytrend mitmachen und die *Spice Girls*-Schuhe mit den Ein–Meter–Glitzer-Plateauabsätzen haben zu müssen, um glücklich zu sein. Heute ist Ayşegül Lehrerin an einer Schule in Nordrhein-Westfalen. Ich frage mich, ob sie ihren Schülern mehr beibringt als Schulwissen, ob sie den deutschtürkischen Kindern zum Beispiel nahelegt, auch außerhalb der Schule aktiv zu sein.

An der Uni begegnete ich demselben Phänomen. Deutschtürkinnen, vor allem die mit Kopftuch, liefen immer in Grüppchen mit anderen Kopftuchträgerinnen herum und weniger in gemischten Gruppen. Warum musste das so sein? Wir waren doch keine Kinder mehr. Warum wollten sie sich nicht auch mit anderen befreunden? Dass der Glaube und das damit zusammenhängende Weltbild verbinden, kann ich verstehen. Wenn das allerdings bedeutet, dass er nicht mit dem Weltbild anderer Frauen vereinbar ist und die Integration blockiert, dann ist das kein gutes Zeichen.

Entsprechend waren beim Universitätssport fast nie Deutschtürkinnen zu sehen. Ein einziges Mal traf ich eine, mit der ich beim Warten auf den Pilateskurs ins Gespräch kam. Sie nahm fast genauso oft daran teil wie ich, und so war es an der Zeit, dass ich mich mal mit ihr austauschte. Wir sprachen ganz locker miteinander, bis ich ihr meinen Namen verriet. Über den war sie total überrascht. Und erst ab da war sie Feuer und Flamme. Ich nenne das »Positivdiskriminierung«. Vorher hatte sie mich nicht als Türkin eingeschätzt. Ab dem Tag begrüßte sie mich besonders herzlich, und wir unterhielten uns angeregt – bis ich an einem sonnigen Tag in meinen kürzesten Hotpants zum Sport auftauchte. Da war dann quasi wieder Schluss. Ich konnte sehen, wie sie bei den Übungen mit weit aufgerissenen Augen auf meinen Schritt starrte, den man bei den kurzen Hotpants fast sehen konnte. Seitdem redete sie kein Wort mehr mit mir und legte ihre Isomatte ganz weit hinten in der Sporthalle ab, so weit wie möglich von mir entfernt.

Immer wenn ich mich weigere, meine deutschtürkischen Verwandten zu besuchen, bricht ein alter Konflikt zwischen meiner Mutter und mir erneut aus. »Du willst sie nicht! Sie gefallen dir nicht«, stellt sie dann vorwurfsvoll fest, und: »Wenn du Deutsche besuchen sollst, dann sprintest du aber!« Früher habe ich das verneint, heute antworte ich in aller Ehrlichkeit: »Ja, du hast recht, ich besuche lieber unsere deutschen Bekannten statt die deutschtürkischen.« Dann begründe ich es wieder und wieder ellenlang: derselbe Lebensstil, dieselbe Weltanschauung, mehr Wertschätzung und die Tatsache, dass ich Erdoğan-Fans nicht besuchen kann, schließlich würde ich ja ebenfalls keine Nazis besuchen. Aber selbst wenn ich es endlich geschafft habe, sie davon zu überzeugen, dass es Gründe gibt, die deutschtürkischen Verwandten mit Ausnahme einiger weniger nicht zu mögen, akzeptiert sie es nicht. Ich soll sie trotzdem gern-haben.

Einmal, als ich meine Mutter um Erlaubnis fragte, mit meinen Freundinnen auszugehen, überkam es sie: »Warum triffst du dich mit ihnen? Warum nicht mit Ayşegül? Warum müssen es die deutschen Freundinnen sein? Warum nicht die Tochter einer sauberen türkischen Familie?« Ich fragte mich, ob meine Mutter denn nicht merkte, wie sich das anhörte.

Manchmal halte ich ihr das auch vor: »Mama, das ist rassistisch.« Dann begründet sie ihren Rassismus damit, dass die Deutschen rassistisch seien, und wir streiten uns darüber, was eher da war: Henne oder Ei? Ich sage, die schlechte Integration der Deutschtürken haben die zu ver-antworten, die neu in das Land gekommen sind; sie sagt, schuld seien die, die uns Zuwanderer nicht respektieren.

Im Kern geht es bei dem Streit allerdings darum, welche Gesellschaftsordnung besser ist. Für sie ist es die archaische, in der alles nach Ethnie geregelt ist, für mich die moderne, in der alles auf Freiwilligkeit basiert. Sie versucht mich von den Vorteilen konservativ-muslimischer Strukturen zu über-zeugen, ich sie von der Sinnhaftigkeit der menschlicheren westlichen Denkweise. Ich versuche, sie mit auf die Sei-te der Fortschrittlichen zu nehmen, während insbesondere eine Verwandte versucht, sie zurück auf die Seite der Zu-rückgebliebenen zu ziehen. Progressiv gegen regressiv. Die alten Köpfe sind in diesem Kampf zu meinem Ärger leider klar im Vorteil. Sie, die »schwarzen Türken«, haben es mit ihren altbackenen Auffassungen immer leichter bei ihr als ich mit meinen »neumodischen« Ansichten.

Meine Mutter sieht in allem, was modern ist, Kälte und Unmenschlichkeit. Aber gerade in der modernen Gesellschaftsordnung, versuche ich, sie zu überzeugen, ist der Mensch mehr wert, und zwar jeder – auch der kleine Mann, für den sie meint, sich stark zu machen, wenn sie die Parallelgesellschaft verteidigt.

Meine Mutter ist die einzige Person aus der Parallelgesellschaft, an der mir etwas liegt, deswegen möchte ich sie mitnehmen in meine Welt, doch die Parallelgesellschaft ist stärker.

Einmal ertappte ich meine Mutter dabei, dass sie indirekt den Rassismus der Parallelgesellschaft zugab, ohne es zu merken. Es ging um eine Beziehung zu einem Deutschen, die ich wegen der übertemperamentvollen Türkin in mir in den Sand gesetzt hatte. Meine Mutter sah den Grund für mein Scheitern in der Liebe hingegen woanders: »Wollte dich seine Familie vielleicht nicht? Halt so, wie wir das auch nicht wollen? Vielleicht sind die genauso?« »Was meinst du mit ›so‹? Rassistisch? Tut mir leid, da muss ich dich enttäuschen. Sie mochten mich. Ihr seid die Einzigen, die hier rassistisch sind.« Ich konnte es nicht fassen. Jetzt war der deutsche Rassismus sogar an meinem Liebesunglück schuld.

Erziehung

Noch bevor andere Sozialisierungsinstanzen wie Schule, Freundschaften, Hobbys und Medien auf die Entwicklung deutschtürkischer Kinder Einfluss nehmen, zieht der Großteil ihrer Eltern sie bewusst oder unbewusst zu gefügigen Mitgliedern der Parallelgesellschaft heran. Die Kinder werden zur Abhängigkeit erzogen, und die Denkstrukturen der archaischen Gesellschaftsordnung greifen früh, sodass viele von ihnen zu gleichgeschalteten, unselbstständigen und undemokratischen Wesen heranwachsen und die Parallelgesellschaft nie verlassen. Das fängt bereits bei den Babys an.

Kinder nimmt man in der Parallelgesellschaft nicht für voll. Man redet so lange es geht in Babysprache mit ihnen und erklärt ihnen nichts. Sie werden permanent unterschätzt, und so lernen sie, dass man ihnen nichts zutraut, und entwickeln keine Selbstsicherheit. Wenn sie Fragen haben, heißt es, sie sollen sich nicht in die Angelegenheiten der Erwachsenen einmischen. Sofern sie überhaupt eine Antwort bekommen. Bei unangenehmen Fragen schimpfen die Eltern, das gehöre sich nicht. Noch als junge Erwachsene brauchte ich nur dazu anzusetzen, deutschtürkischen Besuch etwas Unangenehmes zu fragen oder etwas zu sagen, das den »Religiöseren« nicht gefiel, schon geriet meine Mutter in Panik. Und meine Schwester riss regelrecht ihre auf mich gerichteten Augen auf, als ich im Beisein ihres konservativ-muslimischen Mannes von alten Erinnerungen aus der Zeit erzählte, in der sie noch unbedarft lebte wie ein normales, freies Mädchen. Einmal warnte sie mich vor einem Treffen sogar, nicht zu erwähnen, dass wir zusammen mit unserer Mutter in Köln frühstücken waren. Mittlerweile also erschien ihr selbst etwas so Harmloses wie ein Frühstück mit Schwester und Mutter ungehörig.

Der Sohn einer Verwandten bekam als Kind Schläge, weil er mit zu vielen Fragen nervte. Unzählige Male habe ich eine Szene wie aus der Cartoonserie *Family Guy* live miterlebt, in der das sprechende Baby eine gefühlte Ewigkeit lang die Mutter ruft, ohne dass die eine Reaktion zeigt, obwohl sie nicht einmal in ein Gespräch involviert war. Am Ende brüllte sie einfach: »Was ist denn?«[20] Anders als in dem Cartoon bekam der in der Parallelgesellschaft aufwachsende Junge manchmal sogar eine Ohrfeige dafür, dass er etwas wissen wollte. Was für ein Trauma. So unbeliebt sind Fragen in der muslimischen Parallelwelt. Sie sind wortwörtlich gefährlich.

Während wir in westlichen Gesellschaften darüber streiten, ob wir unsere Kinder zu antiautoritär erziehen, kennt die Parallelgesellschaft lediglich ein Erziehungsmodell, und das ist autoritär. Wo auf Worte verzichtet wird, muss etwas anderes die Lücke füllen, mit der die Erziehenden sich Respekt verschaffen. Da man den Kindern nichts erklärt, werden sie immer ungeschickter und ungebärdiger, sodass die Eltern sich bald gar nicht mehr anders zu helfen wissen, als sie durch Einschüchterungen und Angstmache zu bändigen. Erst werden die Kinder ignoriert und angebrüllt, bis irgendwann in den Augen der deutschtürkischen Eltern nur noch Schläge helfen.

Ich hatte das Glück, ohne Gewalt erzogen worden zu sein. Aber bei vielen anderen deutschtürkischen Kindern bekam ich mit, dass sie körperliche Gewalt erfuhren. Und selbst wenn nicht, schien Gewalt auch in diesen Familien, die ihre Kinder nicht schlugen, nichts zu sein, was man anprangerte – so weit verbreitet war und ist sie. Ich erschrak immer, wenn ich davon hörte, dass ein Kind in einer befreundeten deutschtürkischen Familie wegen Nichtigkeiten geschlagen wurde. Aber wenn die Eltern, die ihre eigenen Kinder nicht schlagen, in solchen Fällen nichts unternehmen, geben sie doch zumindest die Toleranz gegenüber Gewalt an ihre Kinder weiter. Das beobachtete ich an ganz alltäglichen Dingen. Zum Beispiel, wenn Kinder sich bei ihren Eltern über andere Kinder beschwerten, etwa weil sie ihnen ein Spielzeug nicht gaben. Dann wurden sie von ihren Eltern beruhigt, indem sie ihnen versicherten, das andere Kind deswegen zu verhauen. Wenn Kinder meine Katze triezten, diese daraufhin flüchtete oder auch mal die Krallen zeigte, dann versprachen die Eltern ihren enttäuschten Zöglingen, die Katze dafür zu schlagen. Diese Eltern merkten nicht, was sie mit ihren leichtfertig dahergesagten Aussagen anrichteten. Sie programmierten ihre Kinder darauf, sich in einer Streitsituation nicht selbst zu hinterfragen. Sie brachten dem Kind in solchen Situationen nicht bei, dass etwa eine Katze kein Kuscheltier sei oder dass das andere Kind halt auch spielen wolle und man deshalb manchmal warten müsse. Stattdessen wurde das Gegenüber im Affekt zum Bösen erklärt und Gewalt angedroht.

Angesichts dieser Einrücke maßte ich es mir bereits als Kind an, die Erwachsenen in ihrem Erziehungsstil zu kritisieren. Das führte dazu, dass ich schon in jungen Jahren eine sehr konkrete Vorstellung davon besaß, wie ich einmal meine eigenen Kinder erziehen würde: nämlich deutsch. Ich liebte es, wie deutsche Eltern mit ihren Kindern umgingen. Es waren die Freunde, mit denen ich besonders gut spielen konnte. Ich war überzeugt, dass das nichts mit den Genen zu tun haben konnte, sondern an der Erziehungsweise lag, die eben eine andere war als die der deutschtürkischen Eltern. Dieser Eindruck bestätigte sich, als ich einmal ein Gespräch zwischen zwei deutschen Vätern belauschte. Es ging um Gehorsam. Einer der beiden Väter sagte, er wolle natürlich, dass seine Kinder auf ihn hören, jedoch nicht aus Angst, sondern aus Vertrauen in seine Erfahrung. Damit traf er bei mir genau ins Schwarze. Und das hatte eben nichts mit der Kaltschnäuzigkeit zu tun, die meine Mutter den deutschen Eltern vorwarf. Dieser Mann war wie viele andere deutsche Väter, die ich in meinem Umkreis wahrnahm, liebevoll zu seinen Kindern. Er entsprach überhaupt nicht dem Bild, das meine Mutter von deutschen Vätern zeichnete, die ihre Kinder angeblich links liegen ließen. Und er unterschied sich erst recht von den türkischen Vätern, die den ganzen Tag in der Teestube hockten.

Gehorsam, der durch Gewalt erzwungen wird, beschäftigt mich seitdem sehr. Er hat nämlich noch eine tiefere Dimension, eine ganz bestimmte Funktion für die konservativ-muslimische Gesellschaft. Mir fiel das beispielsweise auf, wenn in den türkischen Nachrichten über Eifersuchtsdramen berichtet wurde, bei denen Männer ihre Frauen erstochen hatten, und wir deutschtürkische Gäste hatten. Auf das anfängliche betroffene Schweigen folgte, wenn der Kommentator erwähnte, dass die Frau ihren Mann betrogen hatte, Erleichterung. Man freute sich, dass der Mann, der eigentlich ein »guter Muslim« war und sich ganz der archaischen Gesellschaftsordnung fügte, einen guten Grund für seine Tat hatte. Die Frau sei selbst schuld, hieß es dann. Sie hatte gegen die Ordnung verstoßen, und die Gewalt diente eben dazu, die Ordnung der Parallelgesellschaft wiederherzustellen. Gruselig.

Diese parallelgesellschaftliche Ordnung bringt den typischen deutschtürkischen Muskelprotz hervor, der lieber pöbelt und zuschlägt, als zu reden. Selbst wenn er das Klischee äußerlich nicht erfüllt, sich nicht aufplustert und Anzug trägt statt Muskelshirt, greift er bei Lösungsfindungen auf die Regeln dieser Grundordnung zurück.

Gewalt muss allerdings nicht körperlich werden, um Gewalt zu sein. Die psychische Gewalt, die ich in der Parallelgesellschaft erlebte, ist fast noch schlimmer.

Demokratie fängt in der Familie an. Kinder, die in der Familie keine Stimme haben, glauben oft später noch, dass ihre Stimme nichts wert ist. Sie gehen nicht wählen und flüchten sich ausgerechnet in die Strukturen, denen sie diese Unselbstständigkeit verdanken, weil sie sich in ihnen zu Hause fühlen. Dort, wo das Recht des Stärkeren gilt, fühlen sie sich einfach wohler. Schließlich haben ihre elterlichen Vorbilder sie gleichermaßen bevormundet und geliebt. Diese Verknüpfung von Liebe und Gewalt macht die Scharia interessant – nicht so sehr für die wenigen deutschen Jugendlichen, die tatsächlich zum IS gehen, sondern vor allem für die vielen unauffälligen Islamisten, die den »Islam light« leben und als integriert gelten. Der Islam ist für sie die Religion der Verbote; die Welt gehört dem, der sie aus Liebe zu seinen Untertanen aufgestellt hat. Die Logik der Gewalt kennt natürlich nur eine Richtung – Gewaltanwendung gegen die Obrigen gibt es nicht. »Wenn du deinen Eltern gegenüber die Hand erhebst, werden deine Hände zu Stein«, heißt eine Redewendung. Einmal bin ich auf dem Bürgersteig an einem deutschtürkischen Mutter-Tochter-

Gespann vorbeigegangen und habe mitgekriegt, wie die etwa dreizehnjährige Tochter ihrer Mutter erzählte, sie habe gehört, dass sich die Hände eines Kindes im wahrsten Sinne des Wortes augenblicklich in Steine verwandelt hätten, als es sich gegen Schläge seiner Mutter zu wehren versuchte. Ich sah die Mutter an, um ihre Reaktion zu sehen, und sie nickte zustimmend. So machen deutschtürkische Eltern es sich bequem und bewahren ihre Autorität gegenüber den Kindern.

Demokratisches Bewusstsein ist in den Familien der Parallelgesellschaft ein Fremdwort. Die Eltern haben immer Recht. Es werden keinerlei Argumente ausgetauscht, abgestimmt, diskutiert und dann entschieden. Nein heißt Nein, und nicht etwa, weil es einen triftigen Grund gibt, sondern weil es der Stärkere sagt. Warum darf ich etwas nicht? Darum, weil ich es sage. Obrigkeiten werden nicht hinterfragt und müssen zu ihren Entscheidungen auch keine Begründung mitliefern. Nach diesem Muster, dem Recht des Stärkeren, handeln dann später auch die Kinder dieser Eltern. Um Konflikte zu lösen, pöbeln sie und plustern sich zu »Stärkeren« auf, statt in den Dialog zu treten.

Wenn es aber um die Toleranz der anderen geht, zum Beispiel bei der Debatte um das Kopftuch, dann sind die Vertreter der Parallelgesellschaft plötzlich superdemokratisch. Mit einem Mal sind Frauen frei. Dann heißt es, das Mädchen wolle es ja. Könne man ihr ja nicht verbieten. Das Kopftuch als neues Freiheitssymbol!

Dasselbe beim Schwimmunterricht und anderen Dingen, an denen muslimische Mädchen nicht teilnehmen dürfen: Wenn sie hier auf Akzeptanz durch die Mehrheitsgesellschaft setzen, geben sich die Deutschtürken auf einmal als überzeugte Demokraten; indem sie auf das Recht der freien Entscheidung pochen.

Immerhin stand meine Mutter in Bezug auf Klassenfahrten und Schwimmunterricht auf der modernen Seite. Als sie davon hörte, dass ein Verwandter seiner Tochter die Teilnahme an einer Klassenfahrt verboten hatte, nahm sie sich vor, ihm beim nächsten Besuch zu sagen, dass das nicht in Ordnung sei. Tatsächlich stellte sie ihn vorsichtig zur Rede, woraufhin er erzählte, dass die Kleine selbst partout nicht mitwollte. Es sollte zum Wasserskifahren gehen, und das gefiel ihr wohl nicht. Klassenfahrt plus Wassersport also – gleich zwei Gründe für die Absage. »Was soll ich denn machen? Ich kann sie ja nicht zwingen!«, begegnete er dem Vorwurf der Integrationsverweigerung seitens meiner Mutter und brüstete sich ganz stolz mit seiner total modernen Einstellung, seine Tochter nicht zu etwas zwingen zu wollen. »Nein«, hätte ich ihm am liebsten ins Gesicht geschrien, als mir klar wurde, was für ein perfides Spiel er mit uns spielte. »Du solltest deine Tochter sehr wohl zu etwas zwingen, nämlich an dem Leben teilzunehmen, das ihr dieses großzügige Land bietet. Du solltest sie darin bestärken, Scham und Selbstzweifel abzulegen, die sie hat, wenn sie sich vor den anderen umziehen muss. Und sie ermutigen, ein gutes Körperbewusstsein zu entwickeln.«

Erwachsen zu werden bedeutet, selber entscheiden zu können, ob man das ganze Jahr über Eis essen mag oder nur im Sommer. Das war zumindest für mich ein zentraler Punkt des Erwachsenwerdens. Fest steht, dass man lernt, sich nicht mehr auf seine Eltern zu verlassen, sondern auf sich selbst. Deutschtürkischen Jugendlichen wird diese Erfahrung nicht vermittelt. Für sie geht es von der elterlichen Obhut direkt in die Obhut eines muslimischen Partners.

Und erst wenn sie in einem gemeinsamen Haushalt mit einem Ehepartner leben, gelten sie als vollwertige Erwachsene – vorher nicht. Viele wichtige Schritte zum Erwachsenwerden fehlen in ihrer Entwicklung. Solange sie in der Parallelgesellschaft leben, geht das gut. In der Mehrheitsgesellschaft würden sie nicht überleben können.

Das parallelgesellschaftliche Erwachsenwerden wird traditionell mit einem Fest gefeiert, bei dem man den bis zur Heirat gesammelten Hausstand ausstellt. Eigentlich drücke ich mich vor solchen Traditionen, weil ich vorher bereits weiß, dass ich darin nur noch mehr Gründe für das Integrationsproblem sehen und mich aufregen würde. Einmal habe ich es mir aber angetan. Aylin, ein deutschtürkisches Mädel, der ihre Beliebtheit in der Parallelgesellschaft besonders wichtig war, sollte heiraten. Eine Woche vor der Hochzeit waren alle deutschtürkischen Freunde und Verwandte eingeladen, um die neuesten Kochtöpfe, perfekt zusammenpassende Servicesets und alle möglichen bestickten Tischdecken und Badetücher einzuräumen, die die Mutter der Braut seit der Geburt der Tochter bei verschiedenen Hausfrauentreffs erworben hatte. Wenn meine Mutter früher laut darüber nachdachte, solch altmodisches Zeug für mich zu kaufen, schimpfte ich mit ihr: »Unnötig! Ich will so was nicht!« Als sie spürte, dass ich auch später nichts damit anfangen würde, ließ sie es sein. Neben dem Kitsch gehören zum Hausstand der Braut mittlerweile jedoch ebenfalls nützlichere Haushaltswaren.

Nach der ersten Nacht in der ersten eigenen Wohnung fehlt es der Braut an nichts. Sie muss nicht einmal eine Tasse spülen, um den ersten Kaffee aus der unbenutzten Kaffeemaschine genießen zu können. Beim Fest von Aylin hielt ich in dem ganzen Trubel einmal kurz inne. Was war eigentlich genau mein Problem? Ich sah die angehende Braut an. Sie sah superglücklich aus. Warum machte ich es nicht genauso wie all diese deutschtürkischen Mädchen? Warum tat ich mir stattdessen diesen Kampf an? Vielleicht sollte ich auch diese Geborgenheit der Parallelgesellschaft nutzen und einfach glücklich sein. Primitiv, aber glücklich. Was also störte mich an der ganzen Geschichte? Immerhin musste ich Aylin zugutehalten, dass sie sich den größten Teil ihres Hausstandes als Zahnarzthelferin sogar selbst erarbeitet hatte. Und trotzdem stimmte etwas nicht. Ich versuchte, in meinem Kopf für mich zu formulieren, was es war, und stellte mir schließlich die Frage: Ist es nicht irgendwie wünschenswert, dass es einem einmal im Leben an etwas fehlt? Dieser Lebensstil, so erkannte ich, funktionierte nur Hand in Hand mit der Entscheidung, für immer in der Schutzblase zu leben. Denn der Wechsel in einen offeneren Lebensstil würde zu viel Zeit in Anspruch nehmen. Doch das war es mir wert. Und zwar, weil ich allein da durchmusste. Ich war glücklich über meine Teller, die nicht zusammenpassten, und über meine Freunde, denen es überhaupt nichts ausmachte, dass meine Teller nicht zusammenpassten. Die Studenten- beziehungsweise Azubizeit ist so wertvoll. Mein Therapeut sagte einmal zu mir: »Die Studienzeit ist die einzige Zeit, in der Armut gesellschaftlich akzeptiert ist.« Einer anderen Patientin, deren gut verdienende Eltern die erste eigene Wohnung ihrer Tochter regelmäßig mit kostspieligen Wohnutensilien bestückten, riet er, diese nicht mehr länger anzunehmen; sie solle die Geschenke als unterbewussten Trick der Eltern erkennen, die Tochter nicht ziehen zu lassen.

Die enge Bindung zwischen türkischen Eltern und ihren Kindern konnte man in den Kuppelshows im türkischen

Fernsehen gut beobachten. Dort hatten die Mütter ein Mitspracherecht bei der Wahl der Partner ihrer Kinder, und zwar sowohl bei den Töchtern als auch bei den Söhnen. Häufig wurde die Mutter eines männlichen Showteilnehmers per Telefon in die Livesendungen geschaltet. Sie hatte dann Gelegenheit, sich über die zur Wahl stehenden Kandidatinnen zu äußern. Oft teilten diese Mütter dem Sohn und dem gesamten Publikum mit, dass sie die entsprechenden Damen, vor allem wenn sie ihnen zu »modern« waren, nicht als Schwiegertöchter haben wollten. Da entstand schnell die gewünschte Dramatik: »Ich möchte diese Frau nicht als Schwiegertochter haben. Das sollten Sie respektieren!«, hieß es, oder: »Wenn mein Sohn das über meinen Kopf hinweg entscheidet, dann ist er nicht mehr mein Sohn!« Der gesellschaftliche Aufschrei blieb aus. Die Moderatoren markierten diese Ansichtsweise nicht als bedenklich. Dass diese Art psychischer Gewalt schädlich ist, davon möchte man in der konservativ-muslimischen Gesellschaft nichts hören.

Für mich war das Erwachsenwerden in den Jahren von Anfang bis Mitte zwanzig eine Zeit, in der ich herausfand, welche Dinge wirklich wichtig sind im Leben. Ich genoss es, dass es einmal niemanden kümmerte, wo ich gerade war, was ich machte, mit wem ich es machte. Um ein Mensch mit Verantwortung werden zu können, musste ich ein einziges Mal spüren, dass ich mit diesem Leben, das nur mir gehört, machen kann, was ich will – ganz egal, ob es gut oder schlecht für mich ist. Ich musste lernen, den Moment auszuhalten, in einem fast leeren Einzimmerappartement aufzuwachen. Ja, vielleicht würde ich später erwachsen werden, aber ich würde das erfrischende Gefühl kennen, zum ersten Mal um die Häuser zu ziehen, ohne jemandem Rechenschaft schuldig zu sein und ohne dass sich jemand Sorgen um mich macht. Worte wechseln zu können, mit wem ich will. Mit den Obdachlosen zum Beispiel, die mein deutschtürkisches Umfeld immer nur als Säufer abstempelt. Es war nicht einfach, das Erwachsenwerden. Der Wegfall des übertriebenen Behütetwerdens und mein schon nahezu paranoides Verlangen nach Freiheit bestimmten für eine Weile mein Leben. Mit aller Sturheit wollte ich mir beweisen, ohne Partner klarzukommen. Das Alleinsein auszuhalten und darin erfüllt zu sein, ohne in eine Partnerschaft zu flüchten. Ohne den Entzug der Sicherheit hätte ich nie die Ruhe gehabt, mich ernsthaft der ernüchternden Antwort auf die Frage nach dem Sinn des Lebens zu stellen: Es gibt keinen – anders gesagt, mit der Frage stimmt etwas nicht. Sie steht uns gar nicht zu. Wir mögen zwar ganz oben in der Nahrungskette stehen und die am stärksten ausgeprägte Sozialstruktur unter allen Tieren haben, aber letztlich ist es die Natur, die über uns waltet. Und dieser Natur ist es egal, dass wir unendlich leben wollen. Wir haben lediglich so viel Kontrolle über unser eigenes Leben, wie die Erde, die einzige höhere Gewalt, es zulässt. Wir sind wie Dinos, und dass wir Wolkenkratzer bauen, rettet uns nicht vor einem ähnlichen Schicksal. Nachdem ich diese Frage erörtert hatte, ging es mir besser. Auch die anderen meiner Generation machten sich diese Gedanken, und wir machten sie uns scheinbar mehr als die älteren Generationen. Eine Kommilitonin, mit der wir uns über unser Gefühl von Leere unterhielten, das zeitgleich jeden zu treffen schien, kam zu dem pragmatischen Schluss, dass es okay sei, wenn wir uns so fühlen. Wir hätten uns nichts vorzuwerfen und müssten kein schlechtes Gewissen gegenüber den älteren Generationen haben, weil wir uns mit vermeintlichen Luxusproblemen herumschlagen. Denn wir hätten uns für die Auseinandersetzung mit uns selbst entschieden, statt für die frühe Ehe. Von der Familie zum Ehepartner. Nie wirklich alleine. Ich weiß mittlerweile, dass es einen gesunden Mittelweg gibt. Dass es gesund ist, beides gleichzeitig zu haben – berufliche Erfüllung und Liebe. Doch vor allem ich, die sich von den extremen Bindungen einer konservativen Gesellschaft freimachen musste, ging dabei einen härteren Weg, um zu mir zu finden. Meine türkischen Freundinnen von damals haben sich nie so allein gefühlt wie ich. Dafür weiß ich, was für einen Spaß es macht, halb trunken durch die Stadt zu ziehen. Sie zu lieben und es herauszuschreien. An jede Hausfassade, jedes Straßenpflaster Erinnerungen knüpfen zu können. Von Kneipe zu Kneipe zu ziehen und in jeder von ihnen einen kleinen Mikrokosmos zu beobachten; diese kleinen Welten zu lesen wie Kurzgeschichten. Menschen zu treffen und in ihre Leben einzutauchen, egal ob in einer heruntergekommenen Bruchbude oder einer großen Halle mit Elektrofans im Delirium. Einen Fremden zu küssen. Wisst ihr, wie aufregend das ist? Jeder Mensch ist etwas Besonderes und führt dich in eine neue Welt. Die Bar erst zu verlassen, wenn es draußen wieder hell ist. Schräg angeschaut werden von Leuten, die gerade adrett gekleidet zur Arbeit gehen, sich vor ihnen für verlaufene Schminke und die Nichtbeachtung der Tageszeiten zu schämen. Aber auch allein für das Entleeren des Briefkastens zuständig zu sein, auf dem bloß dein Name steht. Nur so konnte ich die Gewissheit erlangen, dass ich für etwas gekämpft habe, für das es sich wirklich zu kämpfen lohnt: die Freiheit.

Ich will allein sein und in Kauf nehmen, mich einsam zu fühlen. Ich will Sport machen und in Kauf nehmen, mir die Knochen zu brechen. Ich will lieben und in Kauf nehmen, Liebeskummer zu haben. Lasst mich einfach selbst entscheiden, wie viel ich wovon will und was ich bereit bin, dafür zu riskieren. Ja, wenn ich in der Welt der Verbote lebe, wird mir mancher Schmerz erspart bleiben. Aber dann habe ich nicht gelebt. Ohne zu lernen, den Schmerz auch mal zu ertragen, wäre ich jetzt nicht da, wo ich bin. Schreibt der Islam nicht vor, dankbar zu sein? »Gott sei Dank«, heißt es in jedem zweiten türkischen Satz. Warum ist man dann so undankbar dem Leben gegenüber?

Viele muslimische Frauen erfahren diese Freiheit nie. Ihre Bestimmung liegt darin, den Eltern ein angenehmes Leben zu bereiten, indem sie sich an ihre Wertvorstellungen halten.

Türkische Eltern machen ihr Glück von ihren Kindern abhängig, um nicht zu sagen, sie missbrauchen das Leben ihrer Kinder für ihr eigenes Wohlbefinden. Dabei muss ich schließlich erst einmal selber glücklich sein, um andere glücklich machen zu können. Wenn ich meiner Mutter sage, dass ich ein eigenes Leben habe, reagiert sie beleidigt. Lange dachte sie sich und mich als eine Person. Als ich noch zur Schule ging, öffnete sie sogar Briefe, die an mich adressiert waren. Als ich ihr zum ersten Mal sagte, dass das nicht in Ordnung sei, hat sie mich ausgelacht. Da hatten in der Schule alle schon ein eigenes Bankkonto, und mir war es peinlich, dass ich so spät dran war. Auch das konnte meine Mutter nur schwer verkraften. »Du und ich, wir sind zwei getrennte Personen« – solche Aussagen meinerseits kommentierte sie von oben herab und warf mir damit unterschwellig vor, kalt und egoistisch zu sein.

Mir hingegen fehlte das »Aus-dem-Nest-Werfen« deutscher Eltern, die erkannten, dass man ein Kind nicht ewig vor den Gefahren der Welt schützen kann und es schlauer war, sie immun dagegen zu machen. Die westliche Unterstützung beim Erwachsenwerden der Kinder ist das Loslassen. Der Mutter von Richard Branson, dem bekannten britischen Unternehmer, war diese unabdingbare Pflicht der Mutter so sehr bewusst, dass sie es gleich etwas übertreiben musste und ihre Kinder auf dem Weg zur Oma vier Meilen vor dem Ziel aus dem Auto steigen ließ, damit diese selbst dorthin fanden. Das, was Branson heute selber scherzhaft Kindesmisshandlung nennt, wäre mir allerdings lieber gewesen als ein lästiger ungelöster Elternkonflikt.

Ich wollte fallen, Misserfolge haben und die Erfahrung machen, dass ich wieder hochkomme, und zwar aus eigener Kraft und nicht mit der Hilfe eines Gottes. Ich möchte mich auf die Sicherheit verlassen, dass alles halb so schlimm ist, wenn etwas nicht gut geht. Auf mich allein will ich mich verlassen können. Ich will die Geduld lernen, die es braucht, wenn man es aus eigener Kraft schaffen will, denn das dauert länger als kurzfristigere Lösungen. Ich will keine Hoffnung auf die Hilfe eines fremden Gottes setzen, sondern Vertrauen in meine eigene Lebenserfahrung haben.

Die Eltern der Parallelgesellschaft spielen beleidigte Leberwurst, wenn man einen elternfreien Raum verlangt. In der Erziehung handhaben sie es genauso wie in der Integrationsdebatte. Sie nutzen das Pflichtgefühl ihrer Kinder den Eltern gegenüber schamlos aus. Das ist das Subtile an der Integrationsverweigerung: Entscheidet sich ein deutschtürkisches Kind für die westliche Gesellschaftsordnung, dann gibt es zwar keinen Ehrenmord, aber psychologische Kriegführung. Dem Kind wird dann unterschwellig mit Liebesentzug gedroht, um es von der Integration abzuhalten. Wenn du die Leitkultur des Landes leben willst, in dem du wohnst, wirst du beschuldigt, deine Familie nicht zu lieben und den Islam zu verschmähen.

Viele machen den ganzen Humbug leider mit. Ohne Widerworte bewegen sich deutschtürkische Jugendliche in dem von ihrer Elterngeneration vorgegebenen Rahmen, womit sie die Integration von Generation zu Generation aufs Neue durchkreuzen. Die deutschtürkische muslimische Jugend übernimmt keine Verantwortung. Die könnte damit beginnen, eine kritische Distanz zur Elterngeneration aufzubauen. Einige deutschtürkische Jugendliche sind sich sogar bewusst, dass sie es besser wissen als die Elterngeneration. Und trotzdem sind sie unfähig, die nötige Vernunft an den Tag zu legen und etwas zu verändern. Sie tragen den Generationenkonflikt einfach nicht aus, sondern wählen den einfachen Weg.

Wenn sie nur erkennen würden, dass die Gemeinde ihre Freiheiten einschränkt! Dass sie nicht allein darauf abzielt, die bösen Erdoğan-Gegner und deutschen Medien stumm zu stellen, sondern auch sie selbst, die jungen Deutschtürken. Und das alles nur, damit es ihre Eltern einfach haben. Für das Wohl der jungen Leute interessiert sich niemand. Im Gegenteil: Man sieht zu, dass sie nicht unabhängig werden. Denn wie Einstein gesagt hat, wird nichts in der Welt so gefürchtet wie der Einfluss von Männern, die geistig unabhängig sind.[21] Die Phase, in der man eigentlich eine kritische Distanz den Eltern gegenüber entwickelt und merkt, dass sie nicht alles richtig machen, wird deswegen von der Parallelgesellschaft tunlichst unterdrückt. So glauben die jungen Leute, bloß im Rahmen der Parallelgesellschaft tugendhaft sein zu können. Das erinnert mich an Emilia Galotti aus dem Drama von Lessing, das im Mittelalter spielt; einige Deutschtürken sind immer noch in ähnlich mittelalterlichen Strukturen gefangen. Ich hatte durch mein Germanistikstudium das Glück, mit Literatur in Berührung zu kommen, die mir gezeigt hat, dass frühere Gesellschaften mit vergleichbaren Problemen zu kämpfen hatten. Ich möchte jungen Muslimen nahelegen, sich einmal näher mit der Epoche der Aufklärung auseinanderzusetzen. Vielleicht könnte die Art und Weise, wie Künstler, Schriftsteller und Bürger sich damals mit der Funktionsweise archaischer Strukturen auseinandersetzten, junge Muslime darin bestärken, es ihnen im 21. Jahrhundert endlich gleichzutun. Die Aufklärer haben im 18. Jahrhundert eine Arbeit geleistet und ein Beispiel gegeben, an dem sie sich orientieren könnten. Das ist doch ein Geschenk!

Individualität

Individuelle Selbstverwirklichung geht bei denen, die ständig nach der Zufriedenstellung ihrer Eltern und der damit verbundenen Anerkennung der Parallelgesellschaft streben, natürlich flöten. Und somit tragen die Deutschtürken am Ende wenig zur Vielfalt bei, für die von allen Seiten geworben wird. Kulturelle Vielfalt ist durchaus eine Bereicherung. Das Problem ist nur: Die Parallelgesellschaft ist leider alles andere als vielfältig. Die Parallelgesellschaft zeichnet sich durch Einfalt aus.

Die Parallelgesellschaft hasst Vielfalt. Wenn du nicht dieselbe Musik hörst wie die anderen und dich nicht so kleidest, dann bist du als Deutschtürkin in der Parallelgesellschaft ziemlich unbeliebt.

Heute hat sich der Kleidungsstil der jungen deutschtürkischen Männer und Frauen allerdings gelockert, nicht zuletzt weil wir alle durch das Internet stärkere Verbindung zu Menschen aus anderen Kulturen haben. Als ich noch ein Teenager war, kleideten sich hingegen alle deutschtürkischen Jugendlichen ziemlich gleich, was ich nicht verstehen konnte. Jeder Mensch hat doch einen anderen Geschmack. Eine Deutschtürkin sagte einmal zu mir: »Du hast schon einen eigenen Stil, ne?«, als wäre das nicht normal. Und obwohl ich meiner Meinung nach durchaus türkisch aussehe, schätzen sie mich, weil ich nicht ins Sonnenstudio gehe und mich anders anziehe, nicht wie die meisten Türkinnen, nicht als Türkin ein. In meinem eigenen Freundeskreis war es nämlich eher uncool, so stark auf sein Äußeres zu achten. Mir kam das entgegen, denn ich hatte meist selber keine Lust, mich hübsch zu machen, und lief am liebsten ungeschminkt und in den unspektakulärsten Klamotten herum. Deshalb galt ich dann bei den deutschtürkischen Teenies wiederum als uncool.

Einmal fuhr ich bei einem deutschtürkischen Jungen ein Stück im Auto mit. Ich musste lachen, weil er die Musik eines deutschtürkischen Popstars hörte, die sich genauso anhörte wie die Musik aus der Knoblauchwurstwerbung. Er hatte sie auch noch auf die höchste Lautstärke geschaltet, um bei den Deutschtürken der Stadt anzugeben. Auf einmal fragte er mich, was ich denn so höre. Ich sagte, dass ich, wenn es um türkische Musik ging, gerne Rockmusik hörte. »Was?!« rief er entsetzt aus, »wie kannst du nur?« Ich sollte doch lieber Arabesk hören, also arabisch Angehauchtes, oder Gangsterrap. Am liebsten hätte er mich aus seinem Auto geworfen, und mir war ebenfalls danach, das Weite zu suchen.

Die einzige türkische Freundin in Deutschland, die mir geblieben ist, kommt aus der Türkei und hat eine gute Theorie zu der Leiermusik, die aus den deutschtürkischen Discos auf vier Rädern ertönt. Sie sagt, dass die Musik der Türken so überemotional ist, weil sie sonst nicht über ihre Gefühle reden. Also müssen die mithilfe der Musik raus.

In der Türkei wurde in den letzten Jahren ein Sänger namens Halil Sezai berühmt, der gerne lange Röcke trägt. Er trägt sie natürlich nicht aus religiösen Gründen, sondern als ausgefallene Hipstermode, die seine Individualität zum Ausdruck bringen soll. Obwohl solch ein eigenwilliger Stil für viele Muslime eine Frechheit darstellt, ist er in der Türkei ziemlich beliebt. Er versteht es, die emotional gesteuerte Gefühlswelt des Orients mit der Moderne zu verbinden, was ich ganz charmant finde. In der Annahme, dass seine Musik bestimmt auch meiner Schwester gefallen würde, fragte ich sie, ob sie ihn kenne. Das tat sie. Sie verzog ihr Gesicht und brachte größtmögliche Abneigung zum Ausdruck: »Du meinst den, der Röcke trägt?« Was hatte ich denn erwartet – wie sollte sie einen Musiker nicht verabscheuen, der ihrem streng muslimischen Gatten ein Gräuel sein musste.

Alles Unkonventionelle ist in der Parallelgesellschaft äußerst unbeliebt. Tattoos zum Beispiel. Wenn wir früher zusammen unterwegs waren, sagte meine Mutter jedes Mal, wenn wir einen Menschen mit einem Tattoo sahen, wie abscheulich sie das fand. Und ich pflegte dann immer zu sagen, dass ich das mag und so einen heiraten würde.

Individualität und Vielfalt sind in der Parallelgesellschaft unerwünscht. Anderssein ist dort etwas Verpöntes. Die Parallelgesellschaft hasst es regelrecht, wenn jemand anders ist. Denn Individualität ist eine Gefahr für die Schutzblase. Ein Individuum zu sein bedeutet, für seine eigenen Rechte einzustehen. Fundamentale Muslime aber, zu denen jeder in der Parallelgesellschaft gehört, reklamieren das Recht lediglich für die Gläubigen.

Individualität wird in der Parallelgesellschaft als Egoismus interpretiert. Wer anders ist, als es die Parallelgesellschaft vorschreibt, ist egoistisch, weil er nicht zum Zusammenhalt der Gemeinde beiträgt. In meiner Familie bin ich diesem Vorwurf permanent ausgesetzt. »Tuba ist egoistisch!«, hörte ich eine Verwandte heimlich meiner Mutter zuflüstern. Sie merkte, dass meine Mutter zwischen

Mittelalter und Moderne schwankte, und nutzte das aus. Auf subtile Weise versuchte sie, meiner Mutter einzureden, sie solle die Selbstständigkeit ihrer Tochter nicht positiv, sondern negativ interpretieren. Sie solle nicht etwa stolz auf mich sein, sondern mir Vorwürfe machen. Dabei wollte ich einfach nur ich selbst sein.

Schon die Kinder lenkt die Parallelgesellschaft dahin, jene Sportarten oder Hobbys auszuüben, die in die Schutzblase passen: Fußball und Hip-Hop. Das verkauft man dann als gelungene Integration. Fußball ist angesichts von Vorbildern, die sich weigern, die deutsche Nationalhymne mitzusingen, parallelgesellschaftlich vollkommen akzeptiert. Bei anderen Sportarten fürchtet man jedoch offenbar eine Gefahr für die Schutzblase. Also bleibt es für die Kinder der Parallelgesellschaft letztlich beim Fußball, und so ist der Fußballplatz für sie oft der einzige Ort der Entfaltung. Das ist schade, denn nicht für jedes Kind ist Fußball das Richtige.

Viele Kinder, die vielleicht in anderen Bereichen mehr Spaß hätten, sind beim Fußball völlig fehl am Platz und werden unglücklich, weil sie nicht so gut sind wie andere und nie der nächste Ronaldo werden. Dabei kann man in so vielen anderen Dingen erfolgreich sein. Vielleicht würde eines dieser Kinder besonders gut Schach spielen und an Schachturnieren teilnehmen – wenn man es ließe. Vielleicht gibt es Kinder, die besonders gut malen und zu Künstlern werden könnten. Und vielleicht ist ein Kind besonders gut in etwas, das als langweilig gilt, wie etwa in Mathematik oder Physik. Doch das würde man nur herausfinden, wenn man die Kinder in ihrer Individualität fördern würde. Erst wenn man die Talente der Kinder kennt und einzuordnen vermag, kann sich echte Vielfalt entwickeln.

Wenn es um verlorene Potenziale für die Gesellschaft geht, muss ich an die Geschichte von Pamuk, meiner kleinen Verwandten, denken. Pamuk ist so zuckersüß, dass man glauben könnte, sie sei einem Märchen entsprungen. Sie hat ganz helles Haar, fast schon weiß, ein Puppengesicht und eine helle Porzellanhaut. Wie ich früher, trommelte auch sie alle Kinder zusammen und studierte mit ihnen Theaterstücke ein, die dann den Eltern vorgeführt wurden – gegen Eintritt natürlich. Einmal nahm sie sich einen Stock, setzte den Hut ihres Großvaters auf und legte zu den Klackgeräuschen, die sie mit ihrem Mund machte, einen spontanen Stepptanz hin. Als ich sie fragte, warum sie nicht in der Theatergruppe ihrer Schule oder der Stadt mitmachte, traf ich einen wunden Punkt, weil die Auswahl von Hobbys gerade Thema in ihrer Familie war. Zum Theater wolle sie gar nicht unbedingt. Aber es gebe da zwei andere Hobbys, für die sie sich interessiere. Das erste sei das Voltigieren. Als sie mir das erzählte, klatschte ich vor Begeisterung in die Hände. Welch einen wunderbaren speziellen Sport sie sich ausgesucht hatte! Akrobatik, ich war entzückt. Dann trübte sich meine Stimmung bei dem Gedanken, dass Voltigieren ja nicht überall angeboten wird. Doch da hatte ich die Kleine unterschätzt. Natürlich hatte sie sich bei ihrem Wunsch daran orientiert, ob es überhaupt für sie erreichbare Angebote gab.

Und die gab es. Zwei Orte weiter, sagte sie, werde Voltigieren angeboten – auch für ihre Altersgruppe. Ich fragte, wann es losgehen werde. Daraufhin erklärte sie betrübt, dass es ihren Eltern zu viele Fahrtkilometer seien bis zur Reithalle, außerdem fänden sie es zu teuer. Ich versuchte, Verständnis für die Eltern aufzubringen, und wollte nicht voreilig urteilen. Zum Glück hatte Pamuk ja noch einen zweiten Wunsch. Ich ahnte es schon. Was sie fast genauso gerne machen wollte wie das Voltigieren, war Ballett. Und genau das war sie auch: eine kleine Ballerina. Das, sagte sie, werde sogar in ihrem Ort angeboten. Und trotzdem hatten ihre Eltern etwas dagegen. Langsam dämmerte es mir. Es waren nicht die Fahrtkilometer, und es war nicht das Geld. Es waren die Schranken in den Köpfen ihrer muslimischen Eltern. Für sie, die »frommen Muslime«, war es undenkbar, ihr Kind einen unkonventionellen Sport ausüben zu lassen, erst recht einen, bei dem enge Bekleidung getragen wird und es Körperkontakt gibt. Einen Monat später erfuhr ich, dass die Kleine nun Fußball spielte. Ich habe zwar keinen Kontakt mehr zu der Familie, aber ich habe gehört, dass Pamuk heute sogar Kopftuch trägt und in Mekka war.

In Deutschland mangelt es nicht an Angeboten, sondern höchstens an den Visionen der Eltern. In den Augen deutschtürkischer Kinder, die keine Fußballstars werden und die im tiefsten Inneren wissen, dass sie sich eigentlich gerne integrieren würden, ihre Eltern sie jedoch daran hindern, sehe ich Antriebslosigkeit. Eine meiner Verwandten erzählt ihrem Kind andauernd, es sei weder musikalisch noch anderweitig begabt. Es sei einfach nur faul. Dabei ist das Problem nicht etwa fehlendes Talent, Faulheit oder mangelnde Intelligenz der Kinder, genauso wenig wie Desinteresse der Lehrer. Es ist die Demotivierung seitens der Eltern, die ihre eigenen Kinder erfolgreich in die Opferrolle gedrängt haben. Alles lähmt sie. Ihr Freundeskreis lähmt, falsch verstandene Liebe lähmt, ihr Hobby lähmt, Angepasstheit lähmt. Es sind die gelähmten Kinder der Parallelgesellschaft, denen der Eintritt in die europäische Gesellschaft schwer gemacht wird.

Liebe

Selbst die Liebe steht in der Parallelgesellschaft unter dem Zeichen der Schutzblase. Sogar sein intimstes Bedürfnis, das nach Liebe und Sexualität, ordnet das hörige Mitglied ihr unter. Was eigentlich Privatsache ist und niemanden etwas angeht, ist in der Parallelgesellschaft ein Gegenstand, über den jeder ein Mitspracherecht hat.

Selbst liberalere Familien wie meine lassen sich zu sehr von diesem Druck beeinflussen. Ich erinnere mich noch an meinen ersten Zungenkuss und an die Angst davor, dass meine Mutter etwas davon mitbekommen würde. Mit vierzehn war es so weit gewesen, in einem der Familienurlaube in der Türkei. Ich hielt mich mittlerweile an einem von den Familien abgetrennten, »cooleren« Strandabteil auf, wo mich dieser für damalige Begriffe unglaublich gut aussehende Siebzehnjährige ins Auge fasste, den ich wie alle anderen Mädels anhimmelte. An einem Abend, an dem die kleine Stadt ihr alljährliches Olivenfestival mit Bühnenprogramm am Strand veranstaltete, gerade als die Olivenkönigin gekürt wurde, nahm er meine Hand und zog mich aus der Menge. Ein paar Meter weiter, an den aneinandergeketteten Strandliegen, küsste er mich dann. Ich war so sehr in meinem Disneyfilm, dass ich jede Anspannung vergaß und leider auch die Uhrzeit, zu der ich spätestens zurück bei meiner Gruppe sein sollte. Meine Mutter stand schon dort und wartete auf mich. In ihrer Wut kam sie mir riesengroß vor. So groß, dass ich eine unfassbare Angst hatte. Ich sollte gefälligst erklären, wo ich gewesen sei. Aber wehe, ich erzählte, wo ich war. Das war nicht ohne eine gewisse Ironie: Da hatte ich mein Leben lang gelernt, nicht über Liebe zu sprechen, und jetzt sollte ich es erzählen? Seit dem Tod meines Vaters hatte ich eine solche Angst nicht mehr gespürt.

Diese Verknüpfung von Liebe und Angst ist immer geblieben. Natürlich trifft das desgleichen auf viele Menschen aus nicht muslimischen Kulturen zu. Doch der Druck, den die Parallelgesellschaft ausübt, indem sie streng über die Einhaltung ihrer Regeln wacht, ist enorm groß. Muslimische Mädchen müssen schon Angst haben, jemand aus ihrer deutschtürkischen Nachbarschaft könnte sehen, wie sie neben einem Jungen von der Schule nach Hause gehen. Wie sollen sie da lernen, ungezwungen mit einem Jungen zu reden?

Die Parallelgesellschaft nimmt ihren Kindern diese wichtigen Erfahrungen, die viele im Teenageralter machen. Während andere in der Schule ihre ersten Beziehungen knüpfen und Schritt für Schritt lernen, wie man sich über Gefühle austauscht, bleiben sie ahnungslos. Auch ich machte dadurch noch mit Mitte zwanzig, als ich mir längst mein autonomes Leben erarbeitet hatte, Fehler, die andere bereits mit sechzehn gemacht hatten. Ich hatte eine Bindungsangst entwickelt, die neben meiner exzessiven Fokussierung auf meine Freiheit dazu führte, dass ich viel Einsamkeit aushalten musste. Diese Momente werde ich der muslimischen Welt nie verzeihen.

Der Umgang mit der Liebe ist ein weiterer Grund, weshalb ich das deutsche Erziehungsmodell bewundere. Deutsche Jugendliche haben, zumindest in intakten Familien, die Möglichkeit, mit ihren Eltern über ihre ersten

Liebesbeziehungen zu reden. Das ist unglaublich wertvoll. Deutschtürkische Jugendliche können das nur selten. Sie dürfen ja gar nicht erst einen Liebespartner haben. Wehe, sie kommen mit Liebeskummer oder ähnlichen Sorgen. Die müssen sie in sich hineinfressen. Sie dürfen weder ihr Leid noch ihre Freude zum Ausdruck bringen. So lernen sie nicht, wie man mit Gefühlen umgeht, und erst recht nicht, wie man emotional belastende zwischenmenschliche Konflikte löst.

Manchmal werden kleine deutschtürkische Jungs gefragt, ob sie im Kindergarten oder in der Schule eine Freundin haben. Darüber amüsiert man sich dann. Darüber hinaus existiert das Thema Liebe für die deutschtürkischen Kinder und Jugendlichen so gut wie gar nicht.

Für die Parallelgesellschaft hat das den Vorteil, dass diese Kinder später wahrscheinlich bloß mit muslimischen Partnern zusammenkommen, weil nicht muslimische Partner nachvollziehbarerweise kaum Verständnis für die unerklärlichen Verhaltensweisen ihres Gegenübers aufbringen. Ein türkischer oder zumindest muslimischer Freund versteht, warum seine Freundin nicht ausgehen darf, man muss es ihm nicht erklären. Er weiß, wie das in der Parallelgesellschaft läuft.

In einer der Hochzeitsshows korrigierten die beiden Moderatoren einmal Personen, die von einer »Beziehung« redeten: Sie sollten nicht »Beziehung« sagen oder gar »Liebe«, sondern »ein Sich-Sehen auf dem Weg der Ehe«.

Erst im heiratsfähigen Alter dürfen junge Deutschtürken sich trauen, mit den Eltern über eine Liebesbeziehung zu reden. Da sie selbst keine Erfahrung haben, liegt es nahe, gegebenenfalls von deren Lebenserfahrung zu profitieren. Allerdings muss es dann möglichst zeitnah zur Eheschließung kommen. Erst wenn du dich dazu entschlossen hast, deinen Freund zu heiraten, darfst du ihn deinen Eltern vorstellen. So hat es auch meine Schwester gemacht. Hallo Mama, das ist der Mann, den ich heiraten will. Hab ihn gerade eben kennengelernt. Was sagst du? Was für ein Kasperletheater!

Dass Mädchen unberührt in die Ehe gehen sollen, bedeutet für Männer fast zwangsläufig, dass sie eine Frau, mit der sie außereheelichen Sex haben, ausnutzen. Das verstärkt das Bild, das die muslimischen Mädchen von vielen Männern haben: Sie sind Arschlöcher; Sex ist etwas, das sie sich eigensinnig nehmen. Liebe, Zuneigung, Zärtlichkeit sind absolute Fremdwörter.

Natürlich verlieben sich viele Mädchen und haben einen Freund. Was sie von anderen jungen Frauen und Männern unterscheidet, ist die Tatsache, dass sie ihre Liebe heimlich ausleben. Sie treffen sich mit ihren Liebhabern an irgendwelchen unschönen, sicherheitshalber vom eigenen Wohnort weit entfernten Plätzen, weil sie keiner sehen soll, und schrecken jedes Mal auf, wenn jemand an ihnen vorbeigeht.

Meine deutschtürkischen Freundinnen haben das mitgemacht. Sie waren Weltmeister im Lügen. Wenn sie sich mit einem Jungen treffen wollten, hatten sie das entsprechende Täuschungsmanöver bereits parat: »Ich besuche eine Freundin bei ihr zu Hause!« Oder: »Ich treffe mich mit Mitschülern zum Lernen!« Als sich eine von ihnen mit ihrem Freund auf einem Schulhof traf, kam ich in eine knifflige Situation, weil mich ihre Mutter fragte, wo meine Freundin sei. Ich würde es doch bestimmt wissen. Ich konnte mir denken, dass sie sich wahrscheinlich gerade mit ihrem Freund irgendwo herumdrückte und wahrscheinlich gelogen hatte. Das konnte ich ihrer Mutter aber nicht sagen, weil die Tochter dafür womöglich sogar geschlagen worden wäre. Die Parallelgesellschaft zieht es vor, den Kindern das Lügen beizubringen, anstatt ehrlich mit der Realität umzugehen. Jedes Elternteil weiß schließlich, dass das eigene Kind nicht aufwächst, ohne dabei der Liebe zu begegnen.

Nicht nur Frauen, allen wird Angst vor der Liebe gemacht, wo es doch nichts Schöneres gibt.

Während dank der türkischen BO-Serien die Intoleranz gegenüber außerehelichen Beziehungen zumindest in der Türkei ein wenig abnimmt, tut sich die deutschtürkische Parallelgesellschaft noch immer arg schwer mit der Sexualität. Liebe wird hier nach wie vor ohne Sex gedacht. Sex ist etwas Schändliches, wovor alle bewahrt werden müssen. Wenn Sex etwas so dermaßen Schlimmes ist, warum ist es dann plötzlich in der Ehe in Ordnung? Dann lasst es doch ganz! Allerdings scheint Sex selbst in Verbindung mit der Ehe nicht wirklich okay zu sein, denn nach dem Sex muss man sich dem islamischen Glauben zufolge nach festgeschriebener Anleitung waschen und dabei beten. Und wenn sich mal jemand traut, einen anzüglichen Witz zu machen, müssen alle ganz laut lachen. Wenn ich nicht mitlache, weil dieser angeblich anzügliche Witz nicht besonders anzüglich war, denkt man, ich hätte ihn nicht verstanden. Kein Wunder. Immerhin bin ich noch nicht verheiratet und kann davon ja noch nichts wissen.

Durch die Unterdrückung von Sexualität glaubt man, sie unterbinden zu können. Tatsächlich passiert genau das Gegenteil. Ich kenne keine versextere Gesellschaft als die muslimische. Eine muslimische Veranstaltung, in der strenge

Geschlechtertrennung herrscht, ist meiner Empfindung nach beinahe wollüstiger als eine deutsche Swingerparty. Sex ist viel präsenter in den Köpfen derer, die der westlichen Welt eine Fixierung auf Sex vorwerfen, als hierzulande. Wenn es nicht so wäre, bräuchten sie die Geschlechtertrennung nicht. Scheinbar sehen sie im anderen Geschlecht nicht mehr als Penisse beziehungsweise Vaginas auf zwei Beinen.

Die strengen Muslime verstehen sich als die keuschesten Menschen auf dem Planeten. Aber nirgendwo liegt mehr Sex in der Luft als in muslimisch geprägten Ländern. Wenn ich in der Türkei unterwegs bin, muss ich nicht einmal besonders aufreizend gekleidet sein, um die hungrigen Blicke der Männer zu spüren. Nicht umsonst warnen mich alle immer wieder davor, mich dort alleine frei zu bewegen. Es ist kein harmloses Hinterherschauen; Männer folgen einem dort nicht selten bis zur Haustür. Und am Ende ist die Frau schuld, die sich auf angeblich unpassend kleidet, und nicht der Mann, der sie belästigt oder gar vergewaltigt.

Die Sexualität, die man zu etwas Bösem erklärt, wird gerade und erst dann wirklich zu etwas Bösem, wenn sie verboten wird. Das gesellschaftlich Verbotene sucht sich dann andere Wege und erscheint in anderer, in perverser Form.

Der Integration ist nicht damit geholfen, dass über diese und andere Missverhältnisse in der muslimischen Gemeinde geschwiegen wird. Deswegen war es auch nicht richtig von der Bundespolizei am Kölner Hauptbahnhof, in den ersten Berichten über die Silvesternacht krampfhaft und aus gut gemeinter Vorsicht die Tatsache auszusparen, dass es sich bei den Tätern überwiegend oder gar ausschließlich um junge Männer mit muslimischer Herkunft handelte. Damit so etwas nicht noch einmal passiert, müssen wir mit dieser Information arbeiten, statt sie aus Angst vor dem

Vorwurf der Fremdenfeindlichkeit zu verdrängen. Diese Männer haben ein offensichtliches Problem mit Sexualität, und der Grund dafür ist der falsche Umgang der muslimischen Gemeinde mit der Liebe.

Mit den Flüchtlingen kommen Menschen in unser Land, deren Sexualität von klein auf unterdrückt wurde. Viele von ihnen verlieren deshalb beim Anblick von nackter Haut den Verstand. Da sie weder gelernt haben, ihren eigenen Kulturkreis kritisch zu betrachten, noch den Mut aufbringen, selbstkritisch zu erkennen, dass sie zu sexuell gestörten Wesen herangezogen wurden, leben sie ihre Gelüste heimlich aus. Sei es, indem sie auf Hausfassaden die drei unterdrückten Buchstaben sprühen, oder als Teil eines anonymen Mobs. Die Täter sind sich dessen bewusst, dass sie etwas Verbotenes tun, nehmen es aber in Kauf. Denn es ist einfacher, sein Gesicht zu verstecken, als sich mit dem Mann im Spiegel auseinanderzusetzen, die fragwürdigen Gesellschaftsnormen des eigenen Kulturkreises zu hinterfragen, sich weiterzuentwickeln und auf diesem Wege Liebe und Sexualität mit einer Frau auszuleben.

Weder die Kanzlerin noch die Polizei noch die Bürgermeisterin sind für die Vorkommnisse verantwortlich. Wir können Personal aufstocken, und wir können Sicherheitsmaßnahmen treffen. Doch nichts und niemand anders als die muslimische Gemeinde selbst kann die massiven Versäumnisse bei der Erziehung ihrer Kinder nachholen. Das müssen die Muslime selber tun. Wir können höchstens dabei helfen. Wir können ihnen vormachen, wie Liebe richtig geht.

Integration scheitert nicht an Diskriminierung. Integration scheitert da, wo Liebe und Individualität verhasst sind. So ist auch die Homophobie im muslimischen Kulturkreis vor allem deshalb verbreitet, weil man die freie Liebe und das Anderssein fürchtet und weniger wegen dem, was im Koran steht. Darüber nämlich wissen die meisten in der Parallelgesellschaft sowieso nicht so recht Bescheid. Bei gleichgeschlechtlichen Paaren ist es zudem offensichtlich, dass sie ihren Partner frei gewählt haben. Anders als bei heterosexuellen Paaren, die ja theoretisch zwangsverheiratet sein könnten, führen Homosexuelle dem Homophoben vor Augen, dass sie sich trotz aller Hetze für ihr eigenes Glück entschieden haben. Damit erinnern sie ihn daran, dass er nicht denselben Mut aufbringt. Was ihm natürlich nicht passt.

Die Religion regelt das Sexualverhalten und das Verhältnis der Gläubigen zu ihrem Körper. Ich kenne keine deutsch-türkischen Eltern, die ihren Söhnen die Beschneidung erspart haben. In der Parallelgesellschaft ist diese Genitalverstümmelung völlig normal. Dort halten die meisten die Beschneidung für ein großartiges Ritual, weswegen man es auch noch feiert. Dabei ist es keinen Deut besser, Männer zu beschneiden, als die Genitalien von Mädchen zu verstümmeln. Manche Eltern, die ernstlich glauben, sie tun ihren Kindern etwas Gutes, lassen sie auf einem Thron in den Festsaal tragen. Mit Geschenken und einem Getue, das man um Könige veranstaltet, soll ihnen die Verstümmelung schmackhaft gemacht werden. Nach ihrer Beschneidung laufen die kleinen Jungs noch eine Woche lang mit vor Schmerz gespreizten Beinen herum. Unter meinen Verwandten erlebte ich, wie »der Spaß« auf Videokassette aufgenommen wurde und sich allesamt darüber kaputtlachten. Über die Schmerzen von Kindern, die meist fünf, sechs Jahre alt waren! Kein Wunder, dass es 2012 einen Aufstand besorgter Muslime gab, als das Kölner Landgericht entschied, dass religiöse Beschneidungen auch bei Jungen als strafbare Körperverletzung zu werten sind. Da die so auf Freiheit bedachten Eltern der Parallelgesellschaft durch diesen richterlichen Beschluss aber ihre Religionsfreiheit in Gefahr sahen, haben sie den Deutschen Bundestag sogar dazu gebracht, eine gesetzliche Sonderregelung für die Entfernung der Penisvorhaut zu entwerfen. Dabei geht es hier um das genaue Gegenteil von Religionsfreiheit. Diese kleinen Jungen sind Opfer des Religionszwanges ihrer eigenen Eltern. Wir dürfen der Parallelgesellschaft nicht dabei helfen, ihre eigenen Kinder zu unterdrücken.[22]

Jungs und Mädchen sollten in Europa die Freiheit haben, Sport zu treiben, zu reisen und Sex zu haben. Auch sollten sie selbst entscheiden dürfen, ob und wenn ja, welcher Religion sie angehören möchten.

Eine Deutschtürkin, von der man weiß, dass sie Sex vor der Ehe hatte, gilt in der deutschtürkischen Community als »unrein« – noch so ein hässliches Wort. Dabei ist Sex eines der schönsten Dinge des Lebens. Die ersten Berührungen, die Wärme des Gegenübers spüren, eine ganze Nacht lang durchmachen, gemeinsam aufwachen … Während ich gerade diese Gedanken habe, sitze ich wie so oft in der Unibibliothek, neben mir zwei Deutschtürkinnen mit Kopftuch, die mich bereits wegen meines Dekolletés missbilligend angestarrt haben. Sie beraten gerade auf Türkisch darüber, wann sie beten gehen sollen. Keine von beiden hat diese schönen Dinge, an die ich gerade denke, jemals erlebt. Stattdessen glauben sie, beten gehen zu müssen. Das scheint eine gute Ablenkung zu sein, wenn man keinen Sex haben darf.

Ich möchte alle muslimischen Mädchen dazu ermutigen, nicht zu zögern, wenn es um ihre Freiheit geht. Sei es nun ihre Sexualität, ihre Individualität oder worüber auch immer ihr muslimisches Umfeld zu bestimmen versucht. Nehmt nicht einfach hin, dass ihr weniger dürft als eure deutschen Altersgenossinnen. Ich will, dass ihr versteht, wie wertvoll euer Leben ist. Es ist zu wertvoll, um es nach den Vorstellungen einer überholten Weltsicht zu leben. Wie traurig wäre es, erst im Sterbebett zu merken, dass du dein Leben für dich selbst hättest leben sollen und nicht für andere? Erst dann zu realisieren, was du weggeworfen hast. Nämlich ein ganzes Leben, das dir geschenkt wurde und das nur dann zu kurz ist, wenn du es nicht richtig lebst. Je früher du damit anfängst, die Mauern der Parallelgesellschaft zu durchbrechen, desto besser. Ich weiß, dass das nicht einfach ist. Wenn ich auf die Stimmen der Parallelgesellschaft gehört hätte, hätte ich ebenfalls nie ausgehen, nie reisen, nie alleine wohnen dürfen. Viele Mädchen, auf die ich einwirken möchte und die ich dazu anhalte, sich den muslimischen Verboten zu widersetzen, sagen mir, ich hätte es ja einfach gehabt mit meiner liberalen Familie. So ist es aber nicht. Da tun sie mir unrecht. Das, was so einfach aussieht, scheint nur so. In Wirklichkeit habe ich es mir hart erarbeitet. Meine Großeltern kamen ursprünglich aus einem Dorf im östlichen Schwarzmeergebiet der Türkei. Die Menschen aus dieser Provinz sind das wahrscheinlich hinterwäldlerischste Völkchen auf diesem Planeten. Ich selber war es, die als Teenager meine Familie dazu gedrängt hat, weltoffener zu sein und zu akzeptieren, dass ich leben darf, wie ich es will. Freiheit bekommt man als Deutschtürkin nicht geschenkt. Die nimmt man sich. Deswegen vergeude keine Sekunde! Das ist dein Leben und keiner von den Menschen, auf die du hörst, wird dir ein neues geben können. Lasst euch nicht vorschreiben, wann ihr wen lieben sollt. Heiratet nicht früh, bloß weil ihr es, wenn ihr mal ehrlich zu euch selbst seid, den Menschen aus eurem Kulturkreis recht machen wollt. Rebelliert gegen Dinge. Unterstützt das Falsche nicht. Da, wo Ungerechtigkeit passiert, solltet ihr widersprechen, denn ihr, die ihr zwei verschiedene Kulturen kennt, wisst Dinge besser und seid unglaublich wichtig für die Weltgemeinschaft. Nicht ihr macht etwas falsch, sondern die Parallelgesellschaft, in der ihr lebt. Und ihr müsst absolut nicht einsehen, dass ihr zu leben habt, wie sie es wollen, sondern sie haben einzusehen, dass ihr leben könnt, wie ihr es wollt. Allein ihr stellt die Regeln für euer Leben auf – nicht sie.

Es ist ein mühsamer Weg, aber er lohnt sich. Es lohnt sich immer, bis an Grenzen und vor allem darüber hinaus zu gehen. Liebt nicht nur die, die der Parallelgesellschaft in den Kram passen. Liebt getrost nicht muslimische Männer! Küsst! Mädchen sollten küssen. Auch muslimische Mädchen. Küsst, um euch selbst kennenzulernen! Küsst, um die Welt kennenzulernen! Küsst, um eure verhaltene Ahnung im Inneren zu bestärken, dass nicht derjenige Unrecht tut, der küsst, sondern derjenige, der das Küssen verbietet, weil er Angst hat vor dem Unbekannten. Nutzt euren Verstand und vertraut auf das Gefühl, dass Küssen nichts Böses sein kann. Küsst! Küsst das Fremde und macht es zu Vertrautem!

Religion

Früher, wenn meine Mutter im Handelshof den Einkauf für die imaginäre Großfamilie machte, ging ich gerne mit. Der Handelshof ist unter anderem für Gastronomiebetriebe gedacht, die hier an ihre Großverpackungen kommen. Ich freute mich über die Riesenauswahl an Haribo-Sorten, die es dort kartonweise gab, um dann im Kiosk und in den Läden einzeln verkauft zu werden. Dadurch gab es bei uns immer große Mengen an gelatinefreiem Weingummi, sodass ich die mit Gelatine – die uns aus religiösen Gründen verboten waren und die ebenfalls versteckt werden mussten, wenn furchtbare Verwandte kamen – nicht vermisste. Damit gab mir meine Mutter etwas von dem Bunten zurück, das mir die muslimische Welt genommen hatte.

Ich muss etwa sechzehn gewesen sein, als ich einmal an einem der Alkoholregale stehen blieb. Mein Blick war an einer besonders schönen Flasche hängen geblieben, in der eine Birne steckte. Es muss ein Williams-Christ-Obstbrand gewesen sein. Das wusste ich damals nicht, aber es ging mir ohnehin nicht darum, Alkohol zu trinken. Ich verharrte nur Momente lang vor der Flasche und träumte mich weg. Für mich stand diese Flasche für den Westen. Alles, was ich nicht durfte, alles, was ich begehrte: das Schöne, Bunte, das Kultivierte, Spaß, Freiheit, interpretierte ich in sie hinein. Sie füllte in meinen Gedanken den leer gewordenen Alkoholschrank meines Vaters wieder auf und stellte in mir das Gleichgewicht meines alten Lebens wieder her.

Ich wusste, dass meine Mutter explodieren würde, wenn sie mich träumend vor dem Alkoholregal stehen sah. Sollte ich so tun, als wollte ich unbedingt wissen, wie die Birne in die Flasche kam? Während ich noch überlegte, dass das nicht ehrlich wäre, dass ich mich wieder einmal davor drückte, ihr meine Gedanken zuzumuten, kam sie mit dem riesigen Einkaufswagen an mir vorbei. Schnell setzte ich meine naiv-kindliche Stimme ein: »Guck mal, wie schön!«, schwärmte ich verhalten, während mir innerlich die Luft wegblieb. Denn eigentlich dachte ich: »Mama, ich will das westliche Leben.« »Denk gar nicht erst dran!« schoss es aus ihr heraus. Und was sie dachte, war: »Vergiss es! Du bleibst hier!«

Auch sie sah in der Flasche alles, was den Westen ausmachte. Nur verband sie aus ihrer muslimischen Sicht keine Sehnsucht damit, sondern das Sündhafte, das Egoistische, das Abgehobene, Sauferei, Freiheit, alles, was sie verabscheute und mir verbot. Ich hatte ihre Grenzen getestet, sie mir ihre Grenzen aufgezeigt – und sie verlangte, dass es auch meine sein sollten.

In der Parallelgesellschaft besteht ein religiöser Bund zwischen Eltern und Kind. Die Eltern sehen es als Teil ihrer elterlichen Pflicht an, dafür zu sorgen, dass das Kind im Glauben erzogen wird. Gelingt es ihnen nicht, den Nachwuchs zu Muslimen heranzuziehen, so werden sie nicht allein für die eigenen Sünden, sondern auch für die ihrer Kinder in der Hölle schmoren.

Für mich war es ein Albtraum, wenn das Thema Koranlesen angesprochen wurde. Da ich mich als Kind noch nicht zu sagen traute, dass ich nichts lesen wollte, ohne den Inhalt zu verstehen, waren diese Situationen unglaublich beklemmend. Einmal kam meine Mutter auf die tolle Idee, mich in den Herbstferien in die Koranschule zu schicken. Es sei ein neuer, besonders netter Religionslehrer – auf Türkisch Hoca – in der Stadt. Hurra! Ich quälte mich regelrecht hin. Der Unterricht fand in einem Raum der städtischen Moschee statt, die Kinder saßen auf Schulbänken, am Pult der Hoca, so wie in der Schule auch. Während des Unterrichts lernte jeder leise für sich auswendig und trug dann das Auswendiggelernte vorne beim Hoca vor. Das Lernziel war, den Koran zumindest einmal bis zum Ende durchgelesen zu haben. Die Kinder befanden sich auf unterschiedlichen Lernstufen, und es gab Schwierigkeitsgrade, die aufeinander aufbauten.

Am Anfang werden Stoßgebete in lateinischen Lettern, aber auf Arabisch auswendig gelernt. Die zweite Lernstufe besteht darin, das arabische Alphabet zu lernen. Danach bekommen die Schüler ein Heftchen mit den wichtigsten Koranteilen, das bereits in arabischen Lettern verfasst ist. Schließlich geht man zum Koran über. Die Kinder, die schon beim Koran angelangt waren, waren immer ganz stolz. Ich bin kläglich bei der ersten Lernstufe hängen geblieben. Obwohl ich in der Schule Weltmeisterin darin war, Gedichte auswendig zu lernen. In der Moschee jedoch wartete ich immer nur darauf, dass der Zeiger an der Wanduhr sich schneller drehte und mich rettete. Wenn es dann so weit war und ich nach vorne kommen musste, trug ich dem Hoca eine erfundene Fantasiesprache vor. Zum Glück war er gnädig. »Gut gemacht«, sagte er bloß, klopfte mir auf den Kopf, und ich durfte gehen.

Später, als ich heranwuchs, kam immer wieder der Vorwurf auf, dass ich den Koran nicht lesen könne. Zwar beklagte sich meine Mutter nicht direkt bei mir und zeigte Verständnis dafür, dass die Schule vorging, aber sie ließ durchblicken, dass sie ein schlechtes Gewissen hatte, weil sie lediglich ein einziges Mal versucht hatte, dafür zu sorgen, dass ich den Koran lerne. Das war noch nerviger. Nicht einmal meine Sünden gehörten mir selbst. »Hör doch auf, dir unnötig Sorgen zu machen!«, sagte ich dann. »Du hast dich bemüht, aber ich habe mich geweigert. Also bist du vor Gott aus dem Schneider.«

Man muss wissen, dass die allermeisten Muslime gar nicht verstehen, was sie da lesen, außer vielleicht die Araber. Genauso wenig verstehen sie, was der Muezzin aus dem Lautsprecher ruft und was sie vor sich hin flüstern, wenn sie vor Gott auf die Knie gehen. Sie lesen den Koran phonetisch wie eine fremde Sprache, von der man nur das Alphabet beherrscht.

Als ich mir den Koran auf Deutsch gekauft habe, war das meiner deutschtürkischen Umgebung suspekt. Gesetzeswidrig. Anrüchig. Haram. Zu allem Übel hatte ich mir auch noch eins dieser schlichten Reclam-Hefte besorgt, ganz ohne den goldenen Schnörkel. Was für ein Skandal! Ich kritzelte mit Bleistift und bunten Textmarkern drin herum und warf das heilige Buch achtlos in meinen Rucksack, statt es mit vorsichtigen Händen ganz oben auf den Schrank zu legen. Die Blicke, die ich dafür erntete, waren nicht freundlich. Irgendwann, als ich es lange genug geschafft hatte, mich davon nicht beeinflussen zu lassen, hieß es: »Na ja, vielleicht ist es nicht verkehrt, dass du das liest.« Juhu, dachte ich, endlich glauben sie mir, dass man vielleicht sogar ein besserer Gläubiger sein kann, wenn man weiß, woran man eigentlich glaubt. Doch sogleich folgte der Zusatz: »Aber nur, wenn du den Koran auch auf Arabisch liest, ist das gültig.« Etwas zu lesen, ohne es zu verstehen, sollte also besser sein, als zu verstehen, was man liest! Ich glaube, die Tatsache, dass viele Muslime den Koran nicht verstehen, hilft ihnen irgendwie bei der Erhöhung ihrer Religion.

Ich versündigte mich also schon als Kind gegen den Index.[23] Nicht auszudenken, was passiert wäre, wenn ich eine Bibel mit nach Hause gebracht hätte. Also war sie das Erste, was ich mir gekauft habe, als ich in meine erste eigene Wohnung zog. Die Bibel und Kondome. Beides versteckte ich unterm Bett, wenn meine Mutter vorbeikam.

Dass ich einmal Atheistin werden würde, war klar. Als Mensch, der sich zwischen zwei Kulturen bewegt, hatte ich bereits genügend negative Auswirkungen der Religion beobachtet, um zu erkennen, dass sie mehr schadet als nutzt. Zum Beispiel, weil man in der Parallelgesellschaft gerne Gott die Verantwortung zuschiebt in Situationen, in denen es darum ginge, selbst Verantwortung zu übernehmen.

Einmal redeten wir über Verkehrsunfälle. Ich wollte über die Gefahren im Straßenverkehr sprechen, über junge Männer, die rasen, um andere zu beeindrucken. Erst kurz zuvor hatte ich im Auto eines solchen jungen Mannes gesessen, einem Sohn türkischer Freunde meiner Mutter, gerade achtzehn geworden. Nachdem wir mit anderen nach Köln gefahren waren, um die »Kölner Lichter« zu sehen, ein alljährliches Feuerwerk im Sommer, fuhr er auf der Autobahn mit zweihundertvierzig Sachen zurück nach Hause. Meine dringlichen Warnungen missachtete er. Ich kam erst später auf die Idee, dass ich während der Fahrt bei der Polizei hätte anrufen und den Fahrer anzeigen können. Ich bangte um mein Leben, weil dieser kleine Macho angeben und sich von einem Mädchen nichts sagen lassen wollte. Als ich die Geschichte zu Hause erzählte, bekam ich ein »Allah korusun« zu hören –

Gott bewahre. Das sollte mich vor Gefahr schützen. Ich hätte vor Ärger in die Luft gehen können. Hilfreicher wäre es gewesen, mit dem Jungen oder vielleicht sogar mit seinem Vater zu reden und an ihre Verantwortung als Autofahrer beziehungsweise als Eltern zu appellieren.

»Allaha sükür« – Gott sei Dank – heißt es hingegen, wenn man froh sein kann, dass nichts passiert ist. Dankbarkeit ist sicherlich etwas Wunderbares – da, wo sie angebracht wäre. Nicht aber, wenn sie davon ablenken soll, dass man Gefahren aktiv vorbeugen könnte. Ich wünschte mir, dass man auch die menschlichen Leistungen anerkennen würde, denen man zu verdanken hat, was man hat. Denn es bin doch ich selber oder ein Lehrer, ein Rettungssanitäter, ein Arzt, ein Arbeiter oder der Staat, die etwas bewirken. Es sind Menschen und nicht irgendein Gott.

Für mich ist es genauso absurd, an einen Gott zu glauben, wie es heutzutage absurd ist, noch an die griechischen Götter zu glauben. Wenn die Erde lange genug weiterbesteht, werden die Menschen schon in ein paar Jahrzehnten auf uns zurückschauen und Religionen mit einem genauso distanzierten Blick betrachten, wie wir heute auf die Antike vor Jesus von Nazareth schauen.

Ich kann verstehen, dass man sich für den historisch rekonstruierbaren Jesus interessiert, der Barmherzigkeit gepredigt hat, oder für den Propheten Mohammed, der ebenfalls ein großer Prediger war, sofern er wirklich gelebt hat. Egal. Um den Menschen ihre Botschaft näherzubringen, verpackten sie diese in ihren Predigten in Bilder. Leider sind die Menschen teilweise noch heute so unterbelichtet, dass sie nicht in der Lage sind, diese Bilder als Gleichnisse zu verstehen und sie nicht wortwörtlich zu nehmen.

Immerhin hat die christliche Tradition es mittlerweile weitgehend geschafft, sich eine gewisse Distanz zu erarbeiten. Da muss die muslimische Gemeinde hin. Wenn sie sich nicht so zieren und mal ihren Hass ablegen würde, dann könnte die muslimische Gemeinde sich das von den gemäßigten Christen abschauen. Sie haben die Entwicklung vom Fundamentalismus hin zum friedlich gelebten Glauben bereits vorgemacht.

Nun könnte man von den islamischen Institutionen fordern, sich besser aufzustellen und die Gemeinde besser zu organisieren. Man könnte fordern, dass sie sich eine demokratische Struktur geben und eine Debatte über den Islam in Gang bringen. Es braucht Moscheen, in denen gepredigt wird, dass Hass nicht im Sinne ihrer Religion ist – es braucht einen muslimischen Luther, der den Islam reformiert.

Man könnte es aber auch gleich sein lassen und den Menschen stattdessen nahebringen, dass sie keinen religiösen Überbau brauchen, um gut zu sein. Denn das ist doch das Einzige, was die Menschen in zwei Lager aufteilt: Gut und Böse. Die Menschheit teilt sich nicht in Ethnie, Geschlecht, Nationalität, Alter, Status, Hautfarbe, Religion und Sprache. Ohne Religion wäre das für die Betroffenen vielleicht einfacher zu verstehen.

Persönlich bin ich zu dem Ergebnis gekommen, dass es Gott nicht gibt. Wenn es Gott gäbe, hätte er uns in diesen schwierigen Zeiten eine neue Version des Koran und der Bibel als PDF-Datei zum Download auf seiner Website bereitgestellt. Er hätte eine E-Mail-Adresse, einen Facebook-Account und würde auf Instagram Selfies mit Engeln und Luftaufnahmen posten, die er von da oben macht, und würde richtig viele Follower haben.

In diesem Spannungsfeld zwischen Glaube und Vernunft passieren allerdings auch lustige Dinge. Zum Beispiel als ich einmal im Flugzeug saß.

Aus meiner Kindheit erinnerte ich mich noch immer an die ein bis zwei arabischen Stoßgebete, die ich nicht verstand, die ich aber, als ich Gott auf Türkisch anflehte, er möge bitte, bitte meinen Vater heilen, zusätzlich aufsagte, um zu unterstreichen, wie brav ich war. Da ich unter Flugangst litt, sagte ich sie später auf, wenn ich bat, das Flugzeug nicht abstürzen zu lassen. Ich fürchtete nämlich insgeheim, falls es doch einen Gott gab, würde mir meine Überzeugung, dass es ihn nicht gab, das Genick brechen. Das waren noch Reste der Türkin in mir.

Die deutsche junge Frau, zu der ich schließlich wurde, hatte eine andere Methode, um die Flugangst zu reduzieren. Sie bestand darin, Erklärungen für die vielen Geräusche, Signaltöne und Turbulenzen zu finden, so, wie es die Fluggesellschaften in ihren Kursen gegen Flugangst ja auch anbieten. Dabei half mir, dass ich mich an eine Unterhaltung mit Herbert erinnerte, bei dem wir jedes Jahr zu Heiligabend eingeladen waren. Herbert und ich betrachteten eine Weihnachtspyramide aus dem Erzgebirge, die auf dem Tisch stand, und nahmen sie näher unter die Lupe. Ich bewunderte, wie die Hitze von den kleinen Kerzen das Flügelrad zum Drehen brachte, wenn der Rauch auf das entsprechend geschnitzte Holz traf. Herbert erklärte mir, es sei dieses Prinzip, das ein Flugzeug im Zusammenspiel mit dem Wind zum Fliegen bringe. Diese rein mechanisch-physische Erklärung beruhigte mich. So, wie mich Harald Lesch vor dem Schlafengehen mit seinen Vorträgen über Physik beruhigt.

Kurz vor Erreichen dieser Flughöhe trugen Gott und Harald Lesch in meinem Kopf so etwas wie einen Boxkampf aus. Gott auf seiner Wolke stehend und Harald Lesch mit seinem alten hölzernen Universitätsrednerpult unterm Arm (wie Lesch in den Himmel gekommen war, konnte ich mir nicht erklären), versuchten etwas unbeholfen, sich gegenseitig vom Thron zu stoßen. Das ging so lange, bis in meinem Inneren schließlich die Wissenschaft siegte und ich mich beruhigt zurücklehnen konnte, ohne die Flugangst Überhand gewinnen zu lassen. Dasselbe Prinzip wandte ich schließlich auf mein gesamtes Leben an. Aufgrund der Nachteile von Religion, die sich mir mit Blick auf die muslimische Gemeinde gezeigt haben, bin ich so atheistisch, wie es nur geht. Ich bin fundamentale Atheistin. Da Fundamentalismus nicht gut ist, nehme ich mir jedoch vor, nicht mehr ganz so streng zu sein mit den Religiösen. Das hat, glaube ich, etwas mit dem Erwachsenwerden zu tun.

Als Kind und als Teenager war ich selbst noch gläubig. Mir war es allerdings egal, ob man mich muslimisch nannte oder christlich. Ich glaubte an den einen Gott, und das war derselbe, an den auch meine christlichen Freunde glaubten. Das verriet ich aber niemandem aus der Parallelgesellschaft. Sie würden das nicht verstehen beziehungsweise nicht verstehen wollen. Sie wollten sich lieber auf die Unterschiede konzentrieren als auf die Gemeinsamkeiten. Und natürlich gab es Unterschiede. Wenn sie allerdings einmal die Augen öffnen würden, dann sähen sie, dass uns mehr verbindet als trennt! »Allah« bedeutet nichts anderes als »Gott«, nur im Wortlaut einer anderen Sprache. Ist das denn schwer zu verstehen? Ich hätte ohnehin lieber die türkische Bezeichnung »Tanri« benutzt, wenn ich türkisch sprach, doch das wäre eine zu große Provokation gewesen. Zu eigenständig, zu modern.

Es gibt ein Interview aus der Nachkriegszeit, in dem Heinrich Böll nach seinem Verhältnis zur Religion gefragt wurde. Er erklärte darin, er sei Katholik. Aber er sei gegen die »Körperschaft Kirche«[24], der er vorwarf, sie sei von »Fäulnis«[25] befallen. Ich war Muslimin, und ich war gegen die »Körperschaft Moschee«, weil hier niemand etwas gegen die bestehende Unwissenheit, die Scheinheiligkeit und die Fäulnis unternahm. Ich ärgerte mich darüber, dass ich in der muslimisch-türkischen Welt als schlechter Mensch galt, obwohl ich diejenige war, die sich darum bemühte, ihren Teil zu einer besseren Welt beizutragen.

In der Parallelgesellschaft gilt als guter Mensch, wer sich an die Vorschriften des Islam hält. Wer es nicht tut, als schlechter Mensch. Lässt du Alkohol in dein Leben? Dann bist du ein schlechter Mensch. Du hast heute jemandem wehgetan? Egal, Hauptsache, du kannst von dir behaupten, dass du fünfmal am Tag betest. Du hast heute geklaut, du hast gelogen? Egal, Hauptsache, du hast kein Schweinefleisch gegessen. Hast du heute jemanden beleidigt? Egal, Hauptsache, du kannst dich in deiner Gemeinde rühmen, dass du keinen Alkohol anrührst.

Gerne erklären »moderne Muslime« besserwisserisch, warum Alkohol schädlich ist, so als wüsste man das nicht. Sie erzählen einem dann, wie Kinder unter alkoholabhängigen Eltern leiden (ohne an die Kinder mit religionsabhängigen Eltern zu denken), oder von Männern, die durch Alkohol gewalttätig werden (ohne an die Männer zu denken, die wegen Religion gewalttätig werden). Die Millionen Menschen, die es hinbekommen, den Alkohol ohne Abhängigkeit und Gewalt zu genießen, ignorieren sie. Für sie gibt es eben nur Schwarz-Weiß, weshalb sie auch die Religion nur schwarz-weiß leben können und der »moderat gelebte Islam« zumindest in der Parallelgesellschaft eine Lüge ist.

Einmal löste ich mit der Ablehnung eines Würstchenomeletts am Frühstückstisch eine Diskussion über den Vegetarismus aus. Sie machte mich besonders traurig, weil sich daran die völlige Ignoranz der Deutschtürken gegenüber der Umwelt erkennen ließ. Voller Überzeugung erklärte ein deutschtürkischer Verwandter: »In Afrika hungern Kinder, und du möchtest kein Fleisch essen. Hast du denn mal an diese Kinder gedacht?« Ich brach vor so viel Dummheit in Tränen aus. Ich hatte nicht mehr die Kraft zu erklären, dass Menschen in Afrika nicht hungern, weil ich kein Fleisch esse, sondern vielmehr gerade, wenn ich Fleisch esse. Ich hatte keine Kraft mehr, konnte bloß noch weinen angesichts dieser Unwissenheit, die für die Parallelgesellschaft so charakteristisch ist.

Auch an Ramadan zu fasten, wie es die wohlhabenden Muslime der Welt tun, und sich am Abend reinzustopfen, was Arme in einer Woche nicht zu sehen bekommen, ist ein selbstzentriertes Belohnungsspiel. Da ich früher gerne an Ramadan gefastet habe, weiß ich, wie viel Energie das Fasten kostet. Aber der berühmte »arme Mensch in Afrika« kann sicher auf dieses Konsumfasten verzichten. Er würde sich freuen, wenn stattdessen der wahnsinnige Fleischkonsum in den Industrieländern heruntergeschraubt würde. Der ist es nämlich, der maßgeblich für den Welthunger verantwortlich ist.[26] Aberglaube hilft da nicht.

Gespielte Religiosität ist das Maß aller Dinge. In der Parallelgesellschaft, in der man nicht müde wird, das Oberflächliche des Westens zu beklagen, zählt lediglich der äußere Schein einer angeblich gelebten Religiosität. Ich beobachte immer wieder, wie gerade die, die sich tugendhaft geben, die Schlimmsten sind. Von Tugend spricht, wer keine hat.

Die meisten verschleierten Frauen, die ich erlebe, geben unentwegt frauenfeindlichen Müll von sich. Und der in unserer Sippschaft am höchsten angesehene Mann mit Vollbart – ein Bewohner des von mir so gefürchteten Hauses in Istanbul – betrog mit seiner Firma regelmäßig seine Geschäftspartner und bezahlte seine Arbeiter unfair. Das aber schadete seinem Ansehen in der Verwandtschaft nicht im Mindesten. Sein machohaftes Auftreten reichte aus, um seinen Mitmenschen eine Ehrfurcht abzunötigen, die er nicht verdient hatte. Das Haus in Istanbul, in das ich nur verhüllt gehen durfte, war eigentlich ein Haus der Sünden.

Der Islam ist gar nicht unbedingt mein Feindbild. Mein Feindbild ist die Scheinheiligkeit. Es ist die Doppelmoral, mit der die Gemeinde urteilt. Sie misst mit zweierlei Maß. Die »Westlichen« sind schon wegen ihrer Herkunft schlechtere Menschen. Die Muslime dagegen bleiben straffrei, egal welche Schweinereien sie sich leisten. Nach außen pflegt man eine strenge Moral und hält den Menschen außerhalb der eigenen Community ihre Sünden vor, nach innen jedoch gelten andere Regeln. Für mich war das Allerschlimmste daran, dass die Gemeindemitglieder diese Doppelmoral zuließen. Die Scheinheiligen durften und dürfen sich einfach alles erlauben.

Einmal hatten wir ein älteres Paar aus der Türkei bei uns zu Gast. Die beiden waren unglaublich herzliche Menschen. Die süßeste Omi und der süßeste Opi, die ich je gesehen hatte. Sie waren nicht einfach nett, sondern verhielten sich zudem mit dieser gewissen Höflichkeit und Diskretion, die ich bei den deutschtürkischen Senioren vermisste. Leider wurden die Entspanntheit und Ruhe, die sie in unser Haus brachten, plötzlich durch das beharrliche Klingeln an der Haustür gestört. Es störte besonders deshalb, weil wir bereits ahnten, wer wieder einmal uneingeladen und im unpassendsten Moment vor der Tür stand: der furchtbare Verwandte. Er hatte so gar nichts mit seinen beiden Altersgenossen aus der Türkei gemein. Natürlich wurde er, zu meinem Ärger, herzlich willkommen geheißen. Dass er diese Höflichkeit nicht verdiente, sollte er schon im nächsten Moment beweisen. Als nämlich die Gäste aus der Türkei aufstanden, um ihn zu begrüßen, gab er bloß dem Mann die Hand. Die Hand der Dame ließ er in der Luft hängen. Noch nie hatte ich mich so sehr für einen Erwachsenen geschämt. Die arme Frau wusste gar nicht, wie ihr geschah. Sie kam aus Bursa, einer der modernsten Städte der Türkei, und hatte keine Ahnung, was in den kranken Köpfen meiner deutschtürkischen Verwandten aus der Provinz vor sich ging. Ich war ein schlechter Mensch, weil ich hin und wieder mal Alkohol trank, und dieser Mensch war der Gute?

Später im Studium erklärte ein Professor der älteren deutschen Literatur anhand des Eneas-Romans von Heinrich von Veldeke ein Prinzip der Antike, das in höfischen Romanen aus dem Mittelalter eine Rolle spielt: das Prinzip von Gabe und Gegengabe. Die Romanhelden beschenken sich mit kostbarem Schmuck, teuren Stoffen und ganzen Ländereien, ohne eine direkt erkennbare Gegenleistung zu erwarten. Auf diese Weise sichern sie sich eine langfristige Gegenleistung: lebenslange Loyalität. Die Gemeinschaften von damals beruhten auf dieser Gabenlogik.

Als ich einmal schlecht über einen Verwandten sprach, sagte meine Mutter vorwurfsvoll zu mir: »Er hat an der Baustelle unseres Hauses mitgearbeitet und wollte dafür keinen Pfennig – nicht einmal den Anzug, den dein Vater ihm schenken wollte, hat er annehmen wollen.« Der unausgesprochene Nebensatz lautete: »Hüte dich davor, ihm seine Fehler vorzuhalten!« Bei uns galt die mittelalterliche, ja antike Logik noch immer: Man erzwingt Solidarität und erkauft sich das Recht, nicht kritisiert zu werden.

So war es auch bei dem mit uns irgendwie verwandten deutschtürkischen Schneider. Als Mensch mochte ich ihn sogar. Dass er sich immer weigerte, Geld von mir anzunehmen, mochte lieb gemeint sein, war mir jedoch unangenehm. Denn ich wusste, was es bedeutete: eine lebenslange Verpflichtung gegenüber der Parallelgesellschaft. Ich sollte nicht mit Geld für seine Leistung bezahlen, sondern mit meinem Leben.

Der falsche Respekt, diese Ehrfurcht vor den Scheinheiligen war immer ein Streitpunkt zwischen meiner Mutter und mir. Ich konnte nicht verstehen, warum sie sich diesen Menschen derart unterwarf. Wir hatten schließlich gemeinsam durchlebt, wie sie uns in unserem eigenen Haus schikanierten.

Dennoch hat meine Mutter bis heute nicht aufgehört, diese Menschen nach allen Regeln der türkischen Gastfreundschaft zu behandeln. Ich habe es einfach nicht geschafft, ihr diese Freundlichkeit, die keine Freundlichkeit mehr ist, sondern eine Krankheit, auszureden. In all den Jahren habe ich das nicht fertiggebracht, so mächtig ist der Druck, der in der Parallelgesellschaft herrscht. Noch heute, während ich über all dies schreibe, stellt sie sich auf die Seite der »Gläubigen« und bittet mich darum, damit aufzuhören. Sie argumentiert, es seien nur die Älteren gewesen, eine andere Generation eben, die sich so verhalten habe. Heute sei das alles anders. Aber das stimmt nicht. Die Kinder ihrer Verwandten, mit denen sie engen Kontakt pflegt, sind nicht besser. Sie sehen moderner aus und schicken ihre Kinder in die Schule, setzen jedoch trotzdem nach wie vor alles daran, die archaische Gesellschaftsordnung aufrechtzuerhalten. Sie sind Wölfe im Schafspelz. Nichts darfst du ihnen abschlagen, und immer musst du deine Zugehörigkeit zu ihnen betonen. Und selbst wenn du sie beim Lügen erwischst, musst du zu ihnen stehen. Das ist die wichtigste Regel in der Parallelgesellschaft. Hier fängt der Fundamentalismus an: beim Schweigen. Albert Einstein brachte auf den Punkt, was ich den Deutschtürken vorhalte. Nämlich dass die Welt weniger bedroht ist von den Menschen, die böse sind, sondern von den Menschen, die das Böse zulassen.[27]

Da ich noch viel zu klein war, konnte ich meine Mutter ebenfalls nicht davor bewahren, in sogenannte »islamische Holdings« zu investieren. Wie Hunderttausende deutschtürkische Arbeiter legte sie ihre in der Fabrik hart erarbeiteten Ersparnisse in Firmen namens Yimpaş und Jet-Pa an. Wie bei der DITIP hatten deren Vertreter an der Tür geklopft und mit ihrem neureich-muslimischen Charme um Geld geworben. Die Supermarktketten, die sie dann in Köln und vielen weiteren deutschen Städten eröffneten und die den türkischen Arbeiter mit Stolz erfüllten, gingen nach einiger Zeit pleite. Meine Mutter schaffte es auf unglaubliche Weise, ihre Töchter nie spüren zu lassen, dass sie alleinerziehend war. Niemand konnte sie aufhalten, so stark war sie. Wie ein Fels in der Brandung. Doch die türkischen Unternehmer haben ihr Vertrauen in die muslimische Gemeinde ausgenutzt und dabei davon profitiert, dass sie wie die meisten Deutschtürken nicht dazu in der Lage war, dem Druck der Parallelgesellschaft etwas entgegenzusetzen.

Ich wünschte, ich wäre damals älter gewesen und hätte meine Mutter davor schützen können, diesen Menschen blind zu vertrauen. Später versuchte ich es zumindest. Immer wieder warnte ich sie davor, Menschen zu vertrauen, die mit ihrer Religiosität angaben, egal ob es um Geld ging oder andere Dinge. Vergeblich, sie blieb beratungsresistent. Ich konnte ihr die Augen nicht öffnen, meine Mutter wollte blind bleiben wie die vielen anderen deutschtürkischen Arbeiter, die den »Religiöseren« einen unerschütterlichen Vertrauensvorschuss geben. Mir tat es in der Seele weh. Diese einfachen Leute verhielten sich wie Schafe. Kurz nach der Insolvenz der Supermärkte verhalfen sie Erdoğan, der zum Freundeskreis der frommen Geschäftsleute gehörte, zum Posten des Ministerpräsidenten. Auf die Frage eines Bürgers an den damaligen Ministerpräsidenten Erdoğan, warum dieser es zugelassen hatte, dass seine Freunde, die überdies seinen Wahlkampf mitfinanziert hatten, die Deutschtürken derart ausbeuteten, antwortete er nur spöttisch: »Als mein Freund kann jeder herumlaufen und Geld verlangen. Hast du denn mich persönlich angerufen und gefragt?«[28] Ich möchte mit Nachdruck betonen, wie groß dieser Vertrauensvorschuss ist, den die Deutschtürken ihren Glaubensbrüdern schenken. Er ist unendlich und erklärt so einiges. Im letzten Winter, etwa zehn Jahre nach diesem riesigen Betrug an den deutschtürkischen Arbeitern, startete wieder so ein Projekt. Ich besuchte gerade meine Mutter und verfolgte mit ihr im deutschtürkischen Fernsehen einen Werbespot ganz im Sinne der islamistischen Masche:

Eine neue islamische Bank stehe den europäischen Muslimen zu Diensten! Die Farben des Spots waren in Grün gehalten, und es war eine Moschee zu sehen. Meine Mutter darauf: »Schau mal, eine neue Bank!« An diesem Punkt musste ich aufgeben.

Religion nicht mit Tradition zu verwechseln, die falsche Ehrfurcht gegenüber selbst ernannten Göttern aufzugeben, die Unwissenheit und Fäulnis zu bekämpfen, beim Schweigekartell nicht mitzumachen, den Mund aufzumachen, wenn Hass geschürt wird – darin liegt die Bringschuld der muslimischen Gemeinde angesichts einer zusammenwachsenden Welt. Das bedeutet, sich zu integrieren. Niemand verlangt von euch, eure Herkunft zu verleugnen. Nehmt sie mit. Aber ihr dürft euch nicht nur oberflächlich von islamistischen Terroranschlägen distanzieren, sondern müsst den Hass eures eigenen Umfelds gegen den Westen bekämpfen. Den Satz »Das hat nichts mit dem Islam zu tun« kann man den Menschen einer Community nicht abnehmen, die selbst Hass gegen alles Westliche schüren.

NACHWORT

Die Türkei

»Du bist ja eh nicht wirklich türkisch«, höre ich oft. Damit meinen meine Gesprächspartner, dass ich anders bin als die anderen Türken, die sie kennen. Die meisten haben bei den Türken nur Negatives im Kopf, denn die fundamentalistisch denkenden Deutschtürken und Muslime geben in Europa kein gutes Bild ab. Ihnen haben wir zu verdanken, dass sich »türkisch« mittlerweile wie ein Schimpfwort anhört. Deshalb sehen mich viele als Deutsche und nicht als Türkin. Das mag auch so sein, aber ich möchte klarstellen, dass das Türkischsein absolut nichts Schändliches ist. Ich möchte hier mit einem Missverständnis aufräumen. Türkisch zu sein bedeutet nämlich genau das Gegenteil von dem, was die Parallelgesellschaft und Erdoğan repräsentieren. »Ich bin wirklich türkisch«, sage ich dann, »die anderen sind nicht wirklich türkisch. Ich bin so, wie viele in der Türkei.« Für mich bedeutet türkisch zu sein, europäisch zu sein und gerade nicht das, was die Parallelgesellschaft zur Schau stellt.

Als Mustafa Kemal Atatürk 1923 die Republik Türkei ausrief, gehörte es zu den wichtigsten Anliegen des neuen Landes, den Einfluss des Islam auf die Politik zurückzudrängen und mit ihm alles, was im Rahmen der Religion rückständig war – den Aberglauben, die Fäulnis und den religiösen Fundamentalismus. Der Weg, den die junge türkische Republik beschritt, sollte in die säkulare Moderne führen.

Atatürk und die türkischen Nationalisten wollten einen Nationalstaat nach europäischem Vorbild, so, wie es im 19. und beginnenden 20. Jahrhundert üblich war. Deshalb sorgte die neue Regierung nach Gründung der Republik für eine streng laizistische Trennung von Staat und Religion. Atatürk schuf ein lateinisches Alphabet für die türkische Sprache – die bis dahin mit arabischen Buchstaben geschrieben wurde – und ließ, obwohl er kein Geistlicher war, den Koran ins Türkische übersetzen. Er tat das nicht aus Ungläubigkeit, wie die Parallelgesellschaft, die ihn heimlich hasst, es gerne wissen möchte, sondern weil er den religiösen Fundamentalismus zurückdrängen wollte. Man sollte den Islam verstehen und ihn nicht nach dem Hörensagen ausleben.

Das neue Land, die Türkei, sollte sich vor allem nicht über den Islam definieren, sondern über die Nationalität. Eine Republik, in der alle Menschen unabhängig von ihrer Religionszugehörigkeit gleichberechtigt und als Nation vereint sind. Weniger Religion, mehr Nation. Stets orientiert an westlichen Vorbildern – das ist es, was Türkischsein bedeutet.

Als Symbol für ein türkisches Nationalbewusstsein im Geiste Atatürks, für Demokratie und Fortschritt, hängten viele Türken überall die türkische Fahne aus. Diejenigen aber, die den muslimischen Herrschern des Osmanischen Reiches nachtrauerten und die Modernisierung der Türkei ablehnten, störten sich an der Fahne gewaltig. Sie wollten weniger Nation und mehr Religion. Das hat sich vor allem bei den Türken der Parallelgesellschaft in Deutschland hartnäckig gehalten. Auch sie hatten ein Problem mit der Fahne, bis Erdoğan sie umcodierte. Sie können Religion und Staat nicht getrennt denken und lehnen die Fahne, die für eine laizistische Demokratie steht, genauso ab, wie sie insgeheim Atatürk hassen. Als ich in meiner Jugendzeit einmal eine Atatürk-Zeichnung aufhängen wollte, störte sich eine anwesende Verwandte daran. »Sie verherrlichen ihn«, sagte sie zu meiner Mutter, leise und verhalten. Mit »sie« meinte sie alle, die an der Türkei als Nation nach westlichem Vorbild festhielten und damit gegen einen politischen Einfluss des Islam auf den Staat waren, und dazu zählte ich ganz offensichtlich. Ich »verherrlichte« also die Demokratie, und für sie war das ketzerisch. Mit dem Aufstieg Erdoğans sah sie sich schließlich zum ersten Mal darin bestärkt, ihren Hass gegen die Demokratie zu verbalisieren.

Nachdem Erdoğan also den Spieß umgedreht und an die Stelle der Nation wieder die Religion gesetzt hatte, haben sich die Deutschtürken mittels dieser »Uminterpretation« der Flagge mit ihrer verfälschten Version angefreundet. Tayyips Plan geht auf: Man wird ihm und seinen Anhängern nicht mehr Feindlichkeit gegen das eigene Land nachsagen können – schließlich winken sie mit der Nationalflagge.

In meiner Kindheit hieß es in der Türkei immer, man müsse für ein gutes Ansehen des Landes besonders den Tourismus stärken. Um den Einfluss bereits in Europa lebender Türken machte man sich dabei keine Gedanken. Niemand schien zu merken, dass die türkischen Landsleute in Europa das Image der Türkei irreparabel beschädigten. Sie machten weder den Fortschritt mit, der sich in der Türkei vollzog, noch machten sie sich die modernere, liberale Lebensweise der europäischen Mehrheitsgesellschaften zu eigen, inmitten derer sie lebten. Stattdessen kapselten sie sich ab und belebten all das wieder, was Atatürk und die Anhänger der Republik zu überwinden suchten. Mitten in Europa lebten

Türken innerhalb ihrer Parallelgesellschaften, als befänden sie sich in einer anderen Zeit und an einem anderen Ort. Und Erdoğan ist nach fast hundert Jahren vermutlich der erste türkische Präsident, der stolz auf die türkischen Gemeinden in westeuropäischen Ländern ist, auf diese rückständigen Parallelgesellschaften, in denen er heute seine Anhänger findet.

Je klarer ich das erkannte, desto mehr freute ich mich jedes Jahr auf die Sommerferien an der Ägäis. Dort würde ich endlich mal wieder »echte« Türken treffen. Zwar würde ich auch wieder das Haus in Istanbul besuchen müssen, aber ich nahm es in Kauf, drei Tage lang die Zähne zusammenbeißen, um die restlichen Wochen unter modern gesinnten Türken zu verbringen. Nach Langem würde ich wieder einmal gutes Türkisch hören. Und ich würde türkische Jugendliche treffen, die so waren wie ich und meine deutschen Mitschüler. Es beflügelte mich zu sehen, dass die türkische Identität nicht das ausmachte, was ich bei den Deutschtürken beobachtete.

Hier in der Türkei erlebte ich ebenfalls kein Deutschlandbashing, wie ich es aus meinem deutschtürkischen Umfeld kannte. Wenn ich sagte, dass ich aus Deutschland kam, reagierten die Menschen positiv. Für die Türken in Deutschland war Deutschland ein Hassobjekt. In der Türkei hingegen sah man Deutschland als Vorbild. Da müssen wir als Gesellschaft hin, lautete die weitverbreitete Meinung.

Und noch etwas hatten meine deutschen Freunde mit meinen türkischen Freunden in der Türkei gemein: Die Deutschtürken fielen unangenehm auf, sie waren selbst den Türken in der Türkei suspekt. Einen Deutschtürken, der uns beim Ausgehen mit meinen Sommerfreunden begegnete, erkannten sie an seinen Klamotten und seiner Frisur sofort.

»So laufen unsere Leute in Europa rum – wie peinlich!«, hieß es dann, und zum Spaß neckten sie mich, weil ich ja auch aus Deutschland kam. Wenn jemand von ihnen jedoch noch nicht wusste, dass ich lediglich zum Urlaub in die Türkei gekommen war, und es so nebenbei irgendwann erfuhr, wunderte er sich. »Du bist aber nicht dort geboren und aufgewachsen?«, wurde ich dann gefragt. So sehr unterschied ich mich von den Deutschtürken, die sie kannten.

Als uns mein Cousin aus der Türkei einmal in den Ferien in Deutschland besuchte, schämte er sich im Bus für die anderen türkischen Kinder zu Tode. Sie sagten am laufenden Band Schimpfwörter, die er selber nie in dem Mund nehmen würde. Einer meiner Freunde in der Türkei, ein Flugbegleiter, klagte ganz unverblümt, die Flüge nach und aus Deutschland seien die schlimmsten. Die deutschtürkischen Passagiere, so erzählte er, kannten keine Diskretion und benahmen sich während der Flüge völlig rücksichtslos. Zum Beispiel duzten sie ihn, obwohl sie ihn nicht kannten. Ich liebte diese Offenheit an meinen türkischen Freunden, bei meinen türkischen Verwandten in Deutschland waren solche Gespräche undenkbar.

In Deutschland wiederum fiel es mir sofort auf, wenn Türken aus der Türkei kamen. Einmal hörte ich in Köln am Neumarkt nachts die Stimme eines Mädchens, das gerade mit zwei weiteren Freundinnen an mir vorbeiging. Wahrscheinlich waren sie für ein Erasmus-Auslandsjahr in Deutschland. In ihrem Gespräch mit ihren Freundinnen erzählte sie ganz nebenbei, dass sie am Abend zuvor mit einem wahnsinnig süßen Typ geknutscht habe. Daran und an ihrem akzentfreien Türkisch erkannte ich, dass sie nicht aus Deutschland sein konnte. Deutschtürkische Mädchen verbandeln sich schließlich nicht so einfach mit deutschen

Männern. Es war ihre Heiterkeit, die sie von den Frauen der Parallelgesellschaft in Deutschland unterschied. Ich freute mich: Auch für sie war das vermeintlich Fremde so spannend und reizvoll wie für mich.

Mit vierzehn machte ich, vielleicht ein wenig auch deshalb, um mich zu vergewissern, dass die Türken in der Türkei anders waren als die Deutschtürken, ein Praktikum bei der damals noch weitestgehend unabhängigen öffentlich-rechtlichen Rundfunkanstalt TRT in Istanbul. Jeden Morgen vor Arbeitsbeginn traf sich meine Praktikumsbetreuerin gemeinsam mit ihren Kolleginnen in einem der Büroräume zum Frühstück. Dabei tauschten sie sich unter anderem über ihre Kinder aus. Einmal beklagte eine der Mitarbeiterinnen voller Sorge, sie habe ihrem Sohn eine Frage nicht direkt beantworten können. Warum Bananen an manchen Stellen so braun seien und ob das nicht eklig sei, habe ihr Sohn sie gefragt. »Ich weiß es leider auch nicht, aber wir können es gemeinsam recherchieren«, habe sie ihm dann entgegnet. Die beiden fanden schließlich heraus, dass es sich bei den braunen Flecken um Druckstellen handelt, an denen sich Zucker bildet, und diese Bananen damit also alles andere als eklig sind. Seitdem suche der Junge sich im Supermarkt gezielt Bananen mit Druckstellen heraus. Nicht nur wird er in Zukunft nie mehr noch essbare Bananen wegen brauner Flecken entsorgen, er hat vor allem gelernt, wie man Fragen beantwortet. Er wird neugierig auf das Leben bleiben, denn anders als ein deutschtürkisches Kind hat er erfahren, dass Neugier Resultate bringt, und nicht etwa an unbeantwortet gebliebenen Fragen erstickt. Er wird seine Allgemeinbildung erweitern und sich Dinge selbst erarbeiten können, während ein deutschtürkisches Kind seine Mutter mit Fragen überfordert und Schläge dafür bekommt.

Mir scheint, als setzten die Deutschtürken alles daran, ein schlechtes Bild von sich abzugeben. Selbst ein deutscher Freund von mir, ein passionierter Musiker, der in seiner Musik für Toleranz und eine gemeinsame Welt wirbt, hatte bereits so viele negative Erfahrungen mit Deutschtürken gemacht, dass er glaubte, Atatürk stehe für die Feindlichkeit gegenüber dem Westen. Er hatte gerade dessen Porträt an der Wand eines türkischen Restaurants gesehen und wurde deswegen wütend. Während ich ihm versuchte zu erklären, dass Atatürk für genau das Gegenteil von dem steht, was die Deutschtürken hierzulande fabrizieren, wurde ich stinksauer auf meine deutschtürkischen Landsleute. Sie haben es geschafft, das Bild der Türken jahrzehntelang zu beschmutzen. Wenn es Diskriminierung und Wut gegen Türken gibt, dann haben wir das ihnen zu verdanken.

In einem Seminar in Neuerer Deutscher Literatur hatte ich, wie es der Zufall will, ein Referat über die Kinder von Thomas Mann übernommen. Klaus und Erika Mann, so erfuhr ich bei meinen Recherchen, versuchten während der Zeit des Nationalsozialismus im Exil in den USA, den Amerikanern durch politisches Kabarett, Vorträge und Schriften zu erklären, dass das, was die Deutschen taten, nicht der wahren nationalen Identität Deutschlands entsprach. Die eigentliche Bestimmung Deutschlands sei nicht eine Diktatur, sondern eine freiheitliche Demokratie. So ähnlich geht es mir. Das, was die Deutschtürken gerade in Deutschland treiben, und das, was Erdoğan mit der Türkei macht, entspricht nicht der nationalen Identität der Türken. Die Türkei ist als freiheitliche Demokratie gedacht.

Dafür steht Atatürk. Es ist mir ein Anliegen, dass man das weiß. Leider hat es in den vergangenen Jahrzehnten an Politikern und einem Staatsoberhaupt gefehlt, die die Demokratie nach Atatürk noch einmal in einem zweiten Schritt gefestigt hätten. Doch trotz aller Schwierigkeiten hat sich die Türkei bis 2002 immerhin »demokratisch angefühlt«, und es gab ein Bestreben nach vorne. Erdoğan nun geht all die Schritte zurück, die Atatürk nach vorne gemacht hat. Er beraubt das Land seiner Demokratie und will es zurück in die Zeiten des Osmanischen Reichs führen. An die Stelle der Nation soll die Religion treten. Recep Tayyip Erdoğan ist also nicht nur ein Demokratiefeind. Er ist ein regelrechter Türkenfeind. Ja, gerade diejenigen, die sich bei jeder Gelegenheit als stolze Türken aufplustern, unterstützen einen Türkenfeind. Viele Leser werden sich daran erinnern, dass plötzlich einige ihrer türkischen Facebook-Freunde ein »TC« vor ihre Namen hängten. Sie taten es als Zeichen des Protests. Grund dafür war, dass während Tayyips Amtszeit irgendwann das TC für »Türkiye Cumhuriyeti«, also Türkische Republik, aus den Namen der staatlichen Einrichtungen des Gesundheitsamtes und einer staatlichen Bank gestrichen wurde. Gerade bei den Deutschtürken, die Erdoğan-Kritiker als Verräter beschimpfen, muss man sich also fragen, wer hier die eigentlichen Verräter sind.

Natürlich gibt es auch in der Türkei fundamentalistisch denkende Muslime. Ihnen gefiel dieses demokratische Gefühl in der Türkei ebenso wenig wie den Deutschtürken der Parallelgesellschaft. Bisher haben sich die beiden Gruppen in der Türkei jedoch die Waage gehalten. In Deutschland dagegen sind die fundamentalistisch Religiösen unter den Türken verhältnismäßig in der Überzahl, und die anderen setzen ihnen zu wenig entgegen. Hier habe ich die modernen Türken immer vermisst. Während die Türkei eine starke Mitte hat, in der die Religion aufklärerisch gelebt wird, fehlt in Deutschland diese türkische Mitte weitgehend. Allerdings ist die starke Mitte in der Türkei ebenfalls in Gefahr, seit Präsident Recep Tayyip Erdoğan an der Macht ist. Dabei macht diese türkische Mitte dasselbe wie viele Deutsche in Deutschland: Aus Angst vor dem Vorwurf, sie diskriminierten die »schwarzen Türken«, üben sie ihnen gegenüber falsche Toleranz und folgen der Forderung, man müsse die islamistische Politik Erdoğans als politische Meinung akzeptieren. Viele von ihnen nehmen ihm die Masche des modernen Muslimen sogar ab. Und selbst wenn sie sie ihm nicht wirklich abnehmen, sind sie Mitläufer und halten den Mund, um zur neuen »modernen muslimischen Elite« dazuzugehören.

Ich war noch ein Teenager, als Erdoğan an die Macht kam und von Anfang an alarmiert. Umso mehr spürte ich, wie die islamistische Erdoğan-Politik vor allem bei meinen Verwandten in Deutschland Anklang fand. Bei jedem neuen Amtsmissbrauch Erdoğans, von dem ich erfuhr, dachte ich: Ah! Jetzt werden auch sie es gemerkt haben! Jetzt konnte es keine Rechtfertigung mehr dafür geben, ihn zu unterstützen. Irrtum, denn genau das Gegenteil war der Fall. Mit jeder Ungerechtigkeit, die er beging, jeder Hetze und sogar jedem Korruptionsfall entbrannte ihre Begeisterung noch mehr, und sie verteidigten ihn mir gegenüber umso inbrünstiger.

Eine AKP-Ministerin namens Tülay Babuşcu hat die Türkei auf ihrem öffentlichen Facebook-Profil eine »Werbepause« des Osmanischen Reiches genannt. Demnach soll mit Erdoğan die Ära der Türkei als Demokratie vorbei sein, damit es nach dem Muster des Osmanischen Reiches weitergehen kann. Da die konspirative Vorgehensweise verlangt, derlei klare Aussagen über die wahren Ziele Erdoğans zu vermeiden, stellte Babuşcus Ehrlichkeit einen taktischen Fehler dar: Sie musste ihren Post löschen. Abgeordnete ist sie nach wie vor.

Erdoğan gibt dem Volk das Gefühl, dass Muslime von der Demokratie benachteiligt werden, anders formuliert, bestärkt er diese gewisse Schicht und die Parallelgesellschaft, die sich zu dieser Schicht dazuzählt, in ihren Minderwertigkeitskomplexen, um bei den Wahlen ihre Stimmen zu erhalten. Er inszeniert sich als ihr Retter, der ihnen an der Spitze eines Rachefeldzugs ihre Rechte zurückerobert.

Ich verzichte an dieser Stelle schweren Herzens darauf, die zahllosen Amtsmissbräuche Erdoğans einzeln aufzuzählen, weil es den Rahmen dieses Buches sprengen würde. Exemplarisch für das Ausmaß an Niederträchtigkeit, mit dem Recep Tayyip Erdoğan seinen Rachefeldzug gegen die westliche Welt bestreitet, und für die damit verbundene Enttäuschung über die Reaktion der Deutschtürken auf diese Niederträchtigkeit steht für mich folgende Beobachtung:

Wie so oft schaute ich mir gerade eine von zwei türkischen TV-Sendungen im Privatfernsehen an, die ich mir auch für das deutsche TV wünschte: Politik, jung und im Mainstream angekommen. Die eine hieß *TV Makinası* mit Moderator Okan Bayülgen, der es verstand, Popkultur und Politik in einem Nighttalk mit Gästen an einem Tisch zusammenzubringen. Die andere hieß *Genç Bakış* (»Der junge Blick«) und fand in einem Universitätshörsaal statt, auf dessen Bühne Experten die Fragen der Studenten beantworteten. In der Letzteren wurde eine Telefonanruferin live zugeschaltet: Eine Anwältin und Wahlhelferin namens Handan Bakbak erzählte, wie die AKP bei den ersten Wahlen, an der sie teilnahm, geistig Behinderte und senile Senioren aus Altersheimen in Kleinbussen in die Wahllokale fuhr, um Stimmen zu generieren. Um sicherzustellen, dass diese Menschen auch wirklich stimmfähig waren, habe sie die Wahllokalleiterin darum gebeten, sie nach ihren Namen zu fragen. Die Personen, so Bakbak, hatten ihre Namen nicht nennen können. Auf die Frage nach ihrem Alter habe eine Dame mit »fünf« geantwortet. Bakbak weiter: »Wem wirst du deine Stimme geben, Tantchen, habe ich gefragt. Dir, hat sie gesagt. Wem? ATV Wem? Dem Licht!«[29]

Das war 2009. Ich wusste: Wer dazu fähig ist, die Würde gesundheitlich reduzierter Menschen zu verletzen, der würde in Zukunft zu allem bereit sein.

Ich warnte die Erwachsenen. Aber sie wollten nicht hören und nicht sehen. All meine Bestrebungen waren vergebens. Zu sehr gefiel ihnen die Idee, sich an der Demokratie zu rächen, die sie nicht bevorzugt, weil sie muslimisch sind. Ihnen, die der westlichen Welt vorwerfen, nicht respektvoll mit alten Menschen umzugehen!

Anfangs glaubte ich noch, dass sie sich manipulieren ließen, weil sie unwissend waren, wofür sie nichts konnten, da sie keine oder nur wenig Schulbildung genossen hatten. Ich glaubte, ich müsste ihnen die Augen öffnen, sie davor retten, auf Rhetorik hereinzufallen und ausgenutzt zu werden, und redete mir den Mund fusselig: »Lasst das nicht mit euch machen!«

Aber so sehr Erdoğan sich auch als moderner Muslim verkaufte, was ihm sogar Europa abnahm: Für jeden, der Türkisch sprach, war von Anfang an deutlich erkennbar, welche Absichten er wirklich verfolgte. Nicht nur für mich.

Sein Ziel war es, sich beim Volk durch die Inszenierung als gesandter Gottes eine Legitimation zu holen. Er wollte seine Tentakel nach und nach auf alle Staatsorgane legen, bis es um die Gewaltenteilung und somit um die Demokratie geschehen war. Judikative, Legislative, Exekutive: alles in einer, in islamistischer, in »Gottes« Hand.

Eine Aufzeichnung einer seiner früheren Reden als Bürgermeister von Istanbul war auf YouTube frei zugänglich und taucht auch jetzt immer wieder auf – trotz seiner Zensurversuche. Dort sagt er unter anderem: »Man kann nicht sowohl laizistisch als auch muslimisch sein«, und rüttelt an der demokratischen Maxime, dass alle Staatsgewalt vom Volk ausgeht. Er nennt dies wortwörtlich eine Lüge. Die Macht gehe von Gott aus und lediglich einmal in fünf Jahren vom Volke, nämlich dann, wenn es zur Wahlurne gehe. Zu der Sorge von Kritikern, der Laizismus komme der Türkei abhanden, sagt er: »Wenn dieses Volk es so will, natürlich wird er dann abhandenkommen!«[30]

In seiner Zeit als Bürgermeister hatte er einen Vers aus einem demokratiefeindlichen Gedicht rezitiert und landete deswegen im Gefängnis. Das Zitat bringt die Masche der modernen Islamisten auf den Punkt: »Die Demokratie ist nur der Zug, auf den wir aufspringen, bis wir am Ziel sind.«[31] Seine niederträchtige Absicht, die Demokratie zu benutzen, um sie zu stürzen, hat er damals ungeschickterweise öffentlich formuliert. Seine versteckte Botschaft wird oft in folgendem Satz treffend zusammengefasst: Demokratie ist kein Ziel, sondern ein Mittel.[32] Seine genauen Worte lauten: »Wird diese Demokratie das Ziel sein oder ein Mittel? Genau das sollte zur Diskussion freigegeben werden. Unserer Meinung nach kann Demokratie niemals das Ziel sein. Wenn wir jedoch den Begriff ›Demokratie‹

wissenschaftlich betrachten, können wir sehen, dass sie ein Mittel ist.«[33]

Bei diesen Aussagen muss ich an Fatih Zingal denken, einen deutschtürkischen jungen Mann, der immer wieder als Experte in die deutschen Talkshows eingeladen wird, wo er dem deutschen Zuschauer weiszumachen versucht, Erdoğan stehe für Demokratie.

Die Mitglieder der Parallelgesellschaft haben alles genauso gesehen und gehört wie ich. Wir haben alle den im Internet kursierenden Mitschnitt des Telefonats gehört, von dem viele annehmen, es sei Herr Erdoğan zu hören, wie er seinem Sohn rät, schnell alle Gelder aus dem Haus zu schaffen, weil gerade eine Razzia durchgeführt wird.[34] Und doch haben sie mitgemacht. Er hat sich sogar ein Schloss gebaut – wie viel deutlicher könnte er ihnen noch machen, dass er nicht dem Volk dient, sondern sich selbst bereichert? Und dennoch haben sie alle mitgemacht. Irgendwann wurde mir klar: Sie tun es nicht aus einer Unwissenheit heraus, für die sie nichts können. Sie finden den Hass, den ihr Halbgott gegen die moderne Welt schürt, einfach wunderbar. Er könnte sogar vor aller Augen jemanden erschießen, und sie würden ihn trotzdem in Schutz nehmen. Sie sind nicht unwissend. Sie sind einfach nur böse.

Noch mehr als die Erdoğan-Wähler in der Türkei machen mich die deutschtürkischen Wähler Erdoğans sprachlos. Als jemand, der in Deutschland lebt, einem Land, das in seiner Vergangenheit bereits einmal dem Faschismus verfallen und daran zugrunde gegangen ist, sollte man es eigentlich besser wissen. Von Kindesbeinen an wird uns die dunkle Vergangenheit unseres Landes vor Augen geführt. Wir sollen nicht vergessen. Das begleitet einen als Schüler so häufig, dass es einem schon zum Halse raushängt. Aber das geschieht nicht ohne Grund, das wurde mir klar, als ich mit ansah, wie sich Deutschtürken im Hier und Jetzt für faschistische Ideen begeisterten. Sie, die die Deutschen bei jeder Gelegenheit wegen ihrer Vergangenheit beschimpfen.

Atatürk hat den Türken ein Vermächtnis hinterlassen, das sehr wertvoll ist. Demzufolge ist es ihre Aufgabe, sich stets am Fortschritt des Westens zu orientieren und die eigene Demokratie zu wahren. Die Deutschtürken der Parallelgesellschaft entziehen sich dieser Aufgabe. Und da nennen sie mich eine Volksverräterin. So, wie Nazis die anderen deutschen Bürger als Volksverräter bezeichnen, obwohl sie es waren, die das Land in Krieg und Elend gestürzt haben. Für mich sind die Deutschtürken der Parallelgesellschaft die wahren Volksverräter. Sie haben in der Türkei dazu beigetragen, dass die Demokratie gestürzt wurde. Sie plustern sich auf mit ihrem Stolz. Dabei sollten sie sich schämen.

Als Deutsche weiß ich, was als Nächstes kommen wird: Keiner wird es gewesen sein wollen. Meinen Verwandten ist es jetzt schon peinlich, dass ich über all das schreibe. Sie winden sich in Ausreden. Sie seien ja nie wählen gegangen, also auch nicht für Erdoğan verantwortlich. Eine Verwandte zum Beispiel, die Erdoğan bislang inbrünstig verteidigte, sagte zum Verfassungsreferendum, es sei nicht richtig, dass einer alleine regiert. Sieh mal einer an, welch plötzliche Wendung! Als habe sie nicht schon ein ganzes Jahrzehnt lang gewusst, was da abläuft, und es wissentlich gutgeheißen. Ich erinnere die, die heute an nichts schuld sein wollen, daran, wie sie alle vor Wut blau angelaufen sind, wenn ich sagte, dass die Türkei laizistisch sein muss und wie falsch es ist, was dieser Erdoğan da macht. Dann erklären sie mich für verrückt. Das sei nicht wahr. Ich würde mir das alles ausdenken.

Alles, was ich schreibe, sei eine Lüge. Das sagte meine Mutter mir in einem Kölner Restaurant, woraufhin ich ein Glas nahm, es auf dem Boden zerdepperte und ihr sagte, sie werde mich nie wiedersehen. Ich wusste einfach nicht, wohin mit der Enttäuschung darüber, dass selbst meine Mutter zu solch einer Unwahrheit fähig war, nur um die Parallelgesellschaft in Schutz zu nehmen. Aber Erdoğan war stärker. Früher durfte ich nichts sagen, heute soll ich nichts schreiben. Und wenn ich es tue, dann erklärt man mich einfach für verrückt.

Dabei hat Recep Tayyip Erdoğan die deutschtürkische Parallelgesellschaft erst nach einer gewissen Zeit für sich entdeckt, dann jedoch rasch angefangen, sich ihre schlechten Eigenschaften zunutze zu machen: Kritikunfähigkeit, Unwissenheit, den fundamentalistischen Glauben, die Unfähigkeit, zwischen Religion und Staat zu trennen, das fehlende demokratische Bewusstsein, Willkür, Selbstjustiz, das gestörte Verhältnis zur Sexualität, die Kurzsichtigkeit bei der Kindererziehung, Gewaltbereitschaft, Rassismus und Hass gegen Andersgläubige, gegen die Deutschen, Europa und alles Westliche. All das hat er aufgegriffen. So sind besonders die Deutschtürken Feuer und Flamme, wenn Erdoğan Volksverhetzung vom Feinsten betreibt. Nach den Gezi-Protesten etwa richtete er den Fokus der ihm zujubelnden Menge darauf, dass die zum Teil verletzten Menschen, die Zuflucht in einer Moschee gesucht hatten, diese mit Schuhen betraten, und behauptete zusätzlich, sie hätten dort Alkohol konsumiert.[35] Der Muezzin der Moschee wurde sechs Stunden lang vernommen, weil man von ihm einen handfesten Beweis für die Wahrheit der Vorwürfe wollte. Es sagte, er habe so etwas nicht beobachtet und könne schließlich nicht lügen, denn er sei ein gläubiger Mensch.[36] Bei den fundamentalen Muslimen indes traf Tayyip mit seinem verschobenen Blick und seinen alternativen Fakten voll ins Schwarze.

In der Türkei ist derzeit die Parallelgesellschaft an der Macht. Erdoğan bestärkt die Deutschtürken darin, in ihrer Schutzblase zu verweilen, und er stärkt sie in ihrem Minderwertigkeitskomplex.

Als er 2008 in der Kölnarena auftrat, sagte Recep Tayyip Erdoğan den in Deutschland lebenden Türken durch die Blume, sie sollten sich nicht integrieren. Mit dem einfachen Trick, das Wort »Integration« durch das Wort »Assimilieren« auszutauschen, schaffte er es, dass wir uns über die Bedeutung des Wortes stritten und ihn so nicht für die Unverschämtheit anprangern konnten, die er sich da geleistet hatte. Bei seinem Wahlkampf 2017 machte er Stimmung gegen Deutsche und Europäer.

Am Beginn von Erdoğans Aufstieg aber fiel die deutsche Öffentlichkeit auf die Masche des modernen Islamisten rein. Nachrichtenmagazine berichteten von einem Wirtschaftsboom, und in dem Glauben, er wolle sich Europa annähern, half die Regierung Erdoğan dabei, das türkische Militär zu schwächen, sodass er seine islamistische Ideologie ohne Kontrollinstanz entfalten konnte. Lange sprachen westliche Politiker und Medien von einem Reformer. Nur wer türkisch verstand, wusste früh, dass er begonnen hatte, das Land in den Abgrund zu führen. Angesichts der unkritischen, ja beinahe positiven Haltung der deutschen Presse, Medienlandschaft und deutschtürkischer Prominenz verzweifelte ich fast. Nein, Erdoğan ist nicht erst seit den Gezi-Protesten und dem Putsch undemokratisch.

Einen Gefallen hat uns Recep Tayyip Erdoğan allerdings, wenngleich unbeabsichtigt, mit seiner abscheulichen Instrumentalisierung der Parallelgesellschaft getan. Endlich wird sichtbar, was viele lange nicht wahrhaben wollten, und viele freuten sich darüber, dass man es nicht nachweisen konnte: Die Deutschtürken in Deutschland sind rückständig – rückständiger als die Türken in der Türkei. Wenn ich heute sage, dass die Parallelgesellschaft demokratiefeindlich gesinnt ist, dann kann man mir nicht mehr länger Hirngespinste vorwerfen. 63,1 Prozent der Deutschtürken, die 2017 über die Verfassungsänderung in der Türkei abstimmten, haben für die Aufhebung demokratischer Strukturen und für einen Alleinherrscher gestimmt, der sich im Vorfeld europafeindlich und deutschenfeindlich geäußert hat.[37]

In der Türkei war das Ergebnis für Erdoğan trotz offensichtlichen Wahlbetrugs[38] knapp: Angeblich stimmten 51,4 Prozent für Erdoğan als Alleinherrscher, also »nur« knapp die Hälfte.[39] In der Türkei ist die Bevölkerung also mindestens zur Hälfte gegen die islamistische Diktatur. Dort halten sich die fortschrittlichen Türken und die demokratiefeindlichen ungefähr die Waage, während bei den Türken in Deutschland die demokratiefeindliche Gesinnung in der Mehrheit ist. Seit dem Referendum verfügen wir endlich über Zahlen, wie groß die Parallelgesellschaft tatsächlich ist und dass die Mehrheit der in Deutschland lebenden Türken zurückgeblieben und demokratiefeindlich ist.

Wir müssen mit dieser Information arbeiten. Es ist eine neue Basis, auf der wir Integrationsarbeit leisten können. Wir müssen uns nicht mehr einreden lassen, es seien ja nicht alle Deutschtürken so, und können entschiedener die Probleme angehen.

Sie, die Deutschtürken, haben dieselben Bilder gesehen, die ich gesehen habe. Männer, die mit Säcken voller Wahlzettel an den Wahllokalen Schlange standen, und Videos, die den Wahlbetrug dokumentieren.[40]

Das türkische Wahlrecht schreibt seit 2010 vor, dass Wahlunterlagen, die keinen offiziellen Behördenstempel tragen, nicht gültig sind. Trotzdem haben die Wahlhelfer ungestempelte, also nicht verifizierte Wahlzettel angenommen, und die türkische Wahlbehörde hat sie zugelassen. Bei einem solch knappen Ergebnis kann es also sein, dass Erdoğan sich durch Wahlbetrug zum Alleinherrscher gemacht hat. Die Organisation für Sicherheit und Zusammenarbeit in Europa (OSZE) teilte mit: »Fest steht, dass die kurzfristige Entscheidung der Wahlkommission, falsche oder gar nicht gestempelte Wahlzettel als gültig zu werten, ein Verstoß gegen türkisches Recht darstellt.«[41]

Erdoğan hingegen sprach von der »demokratischsten« Wahl, die es je in einem westlichen Land gegeben habe, und machte ungerührt weiter im Programm. Einfach immer das Gegenteil von dem sagen, was man tut.

Während ich diese Geschehnisse beobachtete, wurde mir einmal mehr deutlich, wie wichtig ein vereintes Europa ist und warum es stärker werden muss.

Viele in Deutschland lebende Türken, die an deutschen Schulen unterrichtet wurden und hier alle Freiheiten haben, nehmen nicht an den Bundestagswahlen teil. Stattdessen fallen sie diesem Europa, das ihnen so viel geschenkt hat, in den Rücken, indem sie Erdoğan dabei helfen, die Türkei in eine islamistische Diktatur zu verwandeln. Vor Kurzem hörte ich, dass die Tochter eines Verwandten Poster von Erdoğan in ihrem Zimmer aufhängt – die, deren

Vater so sehr auf den freien Willen gepocht hatte, als es um die Klassenfahrt zum Wasserskifahren ging. Sie studiert in Deutschland und verehrt gleichzeitig jemanden, der gegen die Gesetze des eigenen Landes verstößt, Journalisten verhaftet und die Todesstrafe wiedereinführen will.

Die Türkei unter Erdoğan kommt mir vor wie Deutschland in den Dreißigerjahren. Anstatt Widerstand zu leisten, bemühen sich viele, auch prominente Türken, um die Gunst der neuen Elite. Immer nah an dem dran sein, der gerade die Macht im Land hat. An Ramadan lassen sie sich vom Diktator zum Abendessen einladen. Aus einer Magazinsendung habe ich erfahren, dass sogar Ajda Pekkan eine dieser Einladungen angenommen hat.[42] Eine Sängerin, die in den Siebzigern mit ihren Liedern gegen die »Vaginahüter« aufbegehrte mit Zeilen wie diesen: »Ich bin frei geboren und lebe frei«, und: »Wer hat denn das Recht, sich in mein Leben einzumischen?« Heute fühlt sie sich geehrt, von einem Präsidenten eingeladen zu werden, der sagt: »Man kann Frauen und Männer nicht in eine gleichberechtigte Stellung bringen. Das ist gegen die Natur.«[43]

Deutschland

Als ich 2006 zur Fußball-WM die deutsche Flagge auf dem Balkon aufhängte, auf den jeder schaute, der an der vor dem Haus liegenden unbebauten Grünfläche vorbei die Straße hochfuhr, schienen sich bestimmte Gäste daran zu stören. Einer deutschtürkischen Freundin, die mit meiner Mutter zum Kaffee gekommen war, konnte ich bereits ansehen, dass ihr das nicht gefiel, schaute immer und immer wieder argwöhnisch darauf, schien angestrengt nachzugrübeln, wie sie ihren Unmut zum Ausdruck bringen konnte, ohne ihr Gesicht zu verlieren, und sagte schließlich: »Ihr hättet doch wenigstens den Halbmond reinsetzen können!«

Wenn meine deutschtürkische Umgebung Deutschland niedermacht, habe ich oft das Gefühl, ein Alien zu sein und auf einem anderen Planeten zu leben. Fest steht: Ich lebe nicht in dem Land, von dem sie derart schlecht reden. Sie sprechen von Benachteiligung und Ghettos. Moment mal, bin ich nicht auch türkischer Abstammung? Ja, bin ich. Habe ich reiche Eltern? Nein. Wurde uns vorgeschrieben, in welchem Stadtteil wir zu leben haben? Nein.

Ich finde mein Leben wunderbar. Ich muss nicht aus einem reichen Elternhaus kommen, um eine Chance zu haben. Das Einzige, was ich tun muss, ist, die Chancen wahrzunehmen. Das ist es, was ein Land zu einem lebenswerten Land macht.

Ich sehe, dass meine Verwandten ihre Religion frei ausleben können. Ich sehe Gebetsräume in öffentlichen Ge-

bäuden wie Flughäfen, die extra für die Muslime eingerichtet worden sind. Bei den Behörden sehe ich Hinweista-
feln, auf denen die Informationen extra für die türkischen
Mitbürger ins Türkische übersetzt wurden. Wo ist hier bitte
schön die Benachteiligung? Und doch behaupten meine
Landsleute, sie würden unterdrückt, wahrscheinlich weil
sie einen Vorwand brauchen, um herumzujammern. Diese
maßlose Undankbarkeit ist für mich kaum auszuhalten. Ist
das der Dank dafür, dass man hier menschenwürdig behandelt wird?

In Deutschland beschweren sich viele, wenn sie Formulare
ausfüllen müssen. In anderen Ländern musst du den Beamten stattdessen fünfzig Euro zustecken. Eine besonders
hartnäckig auf der Unvereinbarkeit Deutschlands und der
Türkei beharrende Verwandte behauptete einmal tatsächlich allen Ernstes, ihr sei das Chaos bei den Behörden in
der Türkei lieber als die strenge Bürokratie in Deutschland.
Sogar zum Lügen ist man bereit, um Deutschland schlecht-
zureden.

Die Deutschtürken ziehen sich in ihre Komfortzone zurück und verschanzen sich dabei hinter dem Vorwurf, Einwanderer hätten es ja so schwer, an der Gesellschaft teilzu-
haben. Das funktioniert: Die deutsche Öffentlichkeit plagt
sich mit der Frage, was man machen könnte. Teure Projek-
te für Toleranz und kulturelle Vielfalt werden lanciert. Das
ehrt das Land, von dem ich unglaublich viel halte, noch
einmal mehr. Aber ich sehe, dass die Deutschtürken sich
heimlich ins Fäustchen lachen, unbekümmert angesichts
dessen, was um sie herum passiert.

Teilhabe in Deutschland ist nicht schwer. Du kannst in
einen Gymnastikkurs gehen, schon lernst du neue Leute

kennen; du kannst in eine Bar gehen, schon feierst du mit anderen Menschen. Und wenn man es will, kann man ganz offiziell deutscher Staatsbürger sein.

Die Deutschtürken wissen, dass es nicht schwer ist, sich in Deutschland zu integrieren. Selbst die Erlangung der Staatsbürgerschaft ist mit so wenig Aufwand und Bürokratie verbunden, dass ich nach meiner Einbürgerung ungläubig im Haupteingang des Rathauses meiner Stadt stand. Es war so einfach und schnell gegangen.

Ich war einundzwanzig und im nächsten Jahr stand die erste Bundestagswahl an, zu der ich volljährig war. Noch hatte ich den türkischen Pass, doch es war für mich selbstverständlich, in dem Land, in dem ich lebte, zu wählen. Wie auch die Annahme der deutschen Staatsbürgerschaft eine Selbstverständlichkeit war. Deutschland ist meine Heimat.

Heimat ist der Ort, an dem du Regenwürmer beobachtet und im Bach Kaulquappen gefangen hast. Es ist der Ort, auf dessen Bäume du geklettert bist. Der Ort, wo du mit dem Dreirad die Straße heruntergerast bist, dir dabei die Haut an Händen und Knien aufgerissen hast und Teerstückchen an der offenen Wunde kleben geblieben sind. Es ist der Ort, wo du mit deinen Spielkameraden in Bächen Staudämme gebaut hast wie die Biber. Der Ort, wo du Pinneverstecken gespielt, Stockbrot gegessen und die erste Party mit Discokugel und Musik gefeiert hast. Heimat ist der Ort, den du so langweilig gefunden hast, dass du immer davon geträumt hast, ihn zu verlassen. Der Ort, der dich trotz dieses Verrats immer wieder aufgenommen hat, wenn du zurückgekommen bist. Das ist für mich Heimat.

Ich wählte eine Nummer, wurde eine Woche später in einem Büro von einer Mitarbeiterin der Stadt freundlich begrüßt und noch einmal nach meinem Anliegen gefragt.

Pro forma sagte die Beamtin ein paar kurze, klare Sätze auf, die vor einer Einbürgerung gesagt werden müssen. Dabei lächelten wir uns an, weil wir beide wussten, dass ich mich liebend gerne an die Gesetze dieses wunderbaren Landes halten würde. Dann setzte ich meine Unterschrift unter meinen Antrag, und ein paar Wochen später konnte ich mir meinen Ausweis abholen. Mit dem Grundgesetz unter dem Arm, das ich geschenkt bekommen hatte, ging ich wieder nach Hause.

Die Deutschtürken dagegen reden sich über mehrere Generationen hinweg ein, ihre Heimat sei die Türkei, und gleichzeitig beschuldigen sie die Deutschen, sie zu diskriminieren. Obwohl die Kanzlerin den rührenden Satz gesagt hat, sie sei auch ihre Kanzlerin, wollen sie partout nicht hören, dass man es gut mit ihnen meint, und setzen lieber auf jemanden, der ihnen eintrichtert, sie würden in Europa miserabel behandelt. Zitat Erdoğan: »In dieser Phase (des Referendums) haben wir alle gemeinsam erlebt, welche Qualen vor allem unsere Bürger im Ausland erleiden.«[44] Glaubt ihr das wirklich? Wie kann man nur derart undankbar sein? Das türkische Wort für Undankbarkeit wird für viele Deutschtürken, die das hier lesen, eindringlicher sein, deswegen möchte ich es noch einmal für sie aufschreiben, wie man das, was sie mit dem Land machen, in dem sie frei und menschenwürdig leben dürfen, auf Türkisch nennt: »nankörlük«.

Grau und langweilig – das sei Deutschland, hört man von allen Seiten. Mag sein, wenn man nicht dazu fähig ist, das Bunte zu sehen. Gegen keinen exotischen Strand der Welt würde ich das verregnete Deutschland eintauschen. Freilich habe ich nichts gegen einen Strandurlaub und finde exotische Länder wundervoll. Aber für mich ist ein Land vor allem dann schön, wenn die Menschen genug zu essen haben, in Sicherheit leben und gleichberechtigt behandelt werden, egal ob arm oder reich. Einmal ganz davon abgesehen, dass auch wir wunderschöne Landschaften haben, seien es Wälder, Berge, Städte, Dörfer, Seen, Flüsse und sogar Meer. Außerdem ist die Schönheit eines Landes meiner Meinung nach nicht an Äußerlichkeiten zu messen. Je mehr ich meine Augen dafür öffnete, desto stärker reduzierte sich mein früher intensiveres Fernweh. Die Schönheit Deutschlands liegt in seinen Büchern und seinem Grundgesetz. Das ist Schönheit, auf die man stolz sein kann.

Und wissen Sie, was das Allerschönste an Deutschland ist? Was ich am meisten genieße? Dass ich als Frau noch um vier Uhr nachts alleine draußen herumlaufen kann, ohne ernsthaft Angst vor Übergriffen haben zu müssen. Das macht ein Land zu einem lebenswerten Land. Nicht das ständige Sommerwetter.

Mag Deutschland noch so langweilig sein. In Deutschland habe ich gelernt, im Hier und Jetzt und mit mir allein glücklich zu sein. Mag es woanders noch so aufregend und spannend gewesen sein: Wenn der Flieger auf der verregneten Rollbahn landet und ich den ersten deutschen Beamten sehe, dem ich Hallo sagen kann, fühle ich mich zu Hause. Und ich bin dankbar für das Gefühl, ein Zuhause zu haben. Deutschland hat mich erzogen, es ist mein Vaterland, war mir der Vater, den ich verloren habe. Vater Staat im wahrsten Sinne des Wortes.

Meine Worte mögen sehr kitschig klingen. In meiner Generation ist es uncool, patriotisch zu sein. Doch als Wanderin zwischen zwei gegensätzlichen Kulturen ist mein Blick für die Schönheit des Landes geschärft. Gerade weil viele

Deutschtürken mir einzureden versuchen, wie schrecklich dieses Deutschland ist, sehe ich die Schönheit unseres Landes umso deutlicher.

Anmerkungen

1   Tuba Sarica: »Heute Show – Erklär' mir einer die Türken«. In: YouTube, 04.02.2018. URL: https://www.youtube.com/watch?v=-coubzQrcww (aufgerufen am 04.02.2018).

2   FOCUS Online: »So haben die Türken in Deutschland abgestimmt. Knappes Ergebnis in Berlin, klares ›Ja‹ in Essen«. In: https://www.focus. de/politik/videos/knappes-ergebnis-in-berlin-klares-ja-in-essen-so-ha-ben-die-tuerken-in-deutschland-abgestimmt_id_6972076.html (aufgerufen am 04.02.2018).

3   Arthur Schopenhauer: *Die Welt als Wille und Vorstellung*. Zweiter Band. In: Arthur Schopenhauer. Sämtliche Werke. Nach der ersten, von Julius Frauenstädt besorgten Gesamtausgabe neu bearbeitet und herausgegeben von Arthur Hübscher. Anastatischer Neudruck der zweiten Auflage. Wiesbaden: F.U. Brockhaus 1966, S.84.

4   Heinrich Böll: *Billiard um halb zehn*. In: Bernd Balzer (Hg.): Heinrich Böll Werke. Romane und Erzählungen 3. 1954-1959. Köln: Kiepenheuer & Witsch 1978, S. 420.

5   Benedikt Hampel: *Geist des Konzils oder Geist von 1968? Katholische Studentengemeinden im geteilten Deutschland der 1960er Jahre*. Münster: LIT Verlag 2017, S.243.

6   Immanuel Kant: *Beantwortung der Frage: Was ist Aufklärung?* In: Ehrhard Bahr (Hg.): Was ist Aufklärung? Kant, Erhard, Hamann, Herder, Lessing, Mendelssohn, Riem, Schiller, Wieland. Thesen und Definitionen. Stuttgart: Philipp Reclam jun. 1986, S.9.

7   Niklas Luhmann: *Soziale Systeme. Grundriß einer allgemeinen Theorie*. Frankfurt am Main: Suhrkamp 1984, S.576-579.

8   genius.com: Bushido – »Pussy«. URL: https://genius.com/Bushido-pus-sy-lyrics (aufgerufen am 04.02.2018).

9   Ebd.: Bushido – »Kommt Zeit kommt Rat«. URL: https://genius.com/ Bushido-kommt-zeit-kommt-rat-lyrics (aufgerufen am 04.02.2018).

10 Ebd.: Shindy feat. Bushido – »Stress ohne Grund«. URL: https://genius. com/Shindy-stress-ohne-grund-lyrics (aufgerufen am 04.02.2018).

11 Ebd.: Bushido – »Fallout«. URL: https://genius.com/Bushido-fallout-lyrics (aufgerufen am 04.02.2018).

12 Tuba Sarica: »Wie Polizisten und Erdogan-Fans auf Protestierende ein-schlugen«. In: YouTube, 22.02.2018. URL: https://www.youtube.com/watch?v=1j1I1I7S21s (aufgerufen am 22.02.2018).

13 Tuba Sarica: »Erdogans Polizei macht nicht einmal vor Krankenhäusern halt«. In: YouTube, 22.02.2018. URL: https://www.youtube.com/watch?v=jDs_WF5dXi0 (aufgerufen am 22.02.2018).

14 Tuba Sarica: »AKP-Minister stellt Strafanzeige gegen Ärzte, weil sie Verletzten halfen«. In: YouTube, 22.02.2018. URL: https://www.youtube.com/watch?v=sXusIhCq9tY&t=1s (aufgerufen am 22.02.2018).

15 Robert Stauffer: »Über Religion und Kirche«. Interview 1982. In: Jochen Schubert [u.a.] (Hg.): *Heinrich Böll Werke. Kölner Ausgabe. Interviews 3. 1980-1985. Bd. 26.* Kiepenheuer & Witsch, Köln 2010, S.151.

16 PETA: »Can the Greatness of a Nation…«. In: https://www.peta.org/features/gandhi (aufgerufen am 04.02.2018).

17 Tuba Sarica: »Weiße Türken – schwarze Türken – wie Erdogan mit dem Minderwertigkeitskomplex der Türken spielt«. In: YouTube 21.01.2018. URL: https://www.youtube.com/watch?v=ci0YB8wpFU0 (aufgerufen am 22.01.2018),

18 Universität Bayreuth: »Physikalisches Kolloquium 22. Juli 2011 – Vortrag von Prof. Dr. Harald Lesch«. In: YouTube, 30.08.2011. URL: https://www.youtube.com/watch?v=u29--YNGMyg&t=4772s (aufgerufen am 04.02.2018).

19 Statistisches Bundesamt: *Bevölkerung und Erwerbstätigkeit. Bevölkerung mit Migrationshintergrund – Ergebnisse des Mikrozensus 2016.* In: Statistisches Bundesamt, Fachserie 1, Reihe 2.2, 2016, S.63.

20 Christian Werner: »Family Guy – Stewie nervt Lois (german deutsch)«. In: YouTube, 01.05.2010. URL: https://www.youtube.com/watch?v=zEULs81X0fA (aufgerufen am 04.02.2018).

21 Hans Werner Wüst (Hg.): *Zitate & Sprichwörter.* e-Book Ausgabe. München: Bassermann Verlag 2010, S.1319.

22 Bülent Erdoğan: »Es gibt keine Frauenbeschneidung ohne Männerbeschneidung«. In: Rheinisches Ärzteblatt 8/2015, S. 23-25.

23 Ähnlich formulierte es Heinrich Böll in dem bereits zitierten Interview, vgl. Anm. 15, S.154.

24 Quelle siehe Anm. 15, S.147.

25 Susanne Fritz im Gespräch mit Christiane Florin: »Der katholische Rebell. 100 Jahre Heinrich Böll«. In: http://www.deutschlandfunk.de/100-jahre-heinrich-boell-der-katholische-rebell.886.de.html?dram:article_id=406129 (aufgerufen am 02.02.2018).

26 Désirée Linde: »Welthungerindex. Warum niemand hungern müsste«. In: www.handelsblatt.com/politik/international/welthungerindex-warum-

niemand-hungern-muesste/8928552.html (aufgerufen am 17.01.2018), PETA Deutschland e.V.: »Vegane Lebensweise bekämpft den Welthunger.« In: https://www.peta.de/welthunger#.Wl9tQSOX9b4 (17.01.2018).

27 Das Originalzitat laut www.zitateblog.blogspot.de in französischer Sprache: »Il a su comprende avec beaucoup de clairvoyance que le monde court un plus grand danger de la part de ceux qui tolèrent le mal ou l'encouragent que de la part de ceux-là même qui le commettent.« In: José Maria Corredor: *Conversations avec Pablo Casals. Souvenirs et opinions d'un musicien Pablo Casals*. A. Michel 1955, S.15. URL: http://juttas-zitateblog.blogspot.de/2011/04/die-welt-wird-nicht-bedroht-von-den.html (22.01.2018). In der deutschen Übersetzung lautet das Zitat: »Er hat klar erkannt, daß die Welt mehr bedroht ist durch die, welche das Übel dulden oder ihm Vorschub leisten, als durch die Übeltäter selbst.« José Maria Corredor: Gespräche mit Casals. Bern: Alfred Scherz Verlag 1954, S.13.

28 Yesil Sermaye: »Tayyip Yimpas«. In: YouTube, 28.12.2006. URL: https://www.youtube.com/watch?v=g8wX7WZw0AE (aufgerufen am 04.02.2018).

29 Tuba Sarica: »Wie Erdogan geistig Behinderte und alterssenile Senioren an die Wahlurnen karrte«. In: YouTube, 21.01.2018. URL: https://www.youtube.com/watch?v=tYZfiCbxoD0 (aufgerufen am 22.02.2018).

30 Tuba Sarica: »Erdogan nennt Volkssouveränität eine riesige Lüge«. In: YouTube, 16.02.2018. URL: https://www.youtube.com/watch?v=1GnH-JUZywug (aufgerufen am 16.02.2018).

31 Gerhard Schweizer: *Türkei verstehen. Von Atatürk bis Erdoğan.* Zweite Auflage. Stuttgart: Klett-Cotta 2016, S.479.

32 Ebd.

33 Tuba Sarica: »Demokratie ist kein Ziel, sondern ein Mittel.«. In: YouTube, 08.02.2018. URL: https://www.youtube.com/edit?video_id=cRnomcJrWE4&video_referrer=watch (aufgerufen am 08.02.2018).

34 Vgl. Spiegel Online, http://www.spiegel.de/video/tuerkei-youtube-video-bringt-erdogan-in-bedraengnis-video-1330258.html, (aufgerufen am 7.3.2018).

35 Tuba Sarica: »Erdogans alternative Fakten«. In: YouTube, 22.02.2018. URL: https://www.youtube.com/watch?v=7MiSj4-rR3I (aufgerufen am 22.02.2018).

36 Milliyet.com.tr: »'İçki içilmedi' diyen müezzin ifade verdi«. In: http://www.milliyet.com.tr/-icki-icilmedi-diyen-muezzin/gundem/detay/1728162/default.html (aufgerufen am 22.02.2018).
soL: »O müezzin konuştu: Din adamıyım yalan söyleyemem«. In: http://

haber.sol.org.tr/devlet-ve-siyaset/o-muezzin-konustu-din-adamiyim-yalan-soyleyemem-haberi-75336 (aufgerufen am 23.02.2018).

Vatan: »O müezzin ifade verdi! ›din adamıyım, yalan söyleyemem!«. In: http://www.gazetevatan.com/o-muezzin-ifade-verdi--548930-gundem/ (aufgerufen am 23.02.2018).

Ahmet Cemal: Önce Şairleri Yaktılar. eBook-Ausgabe. Istanbul: Can Sanat Yayınları 2014, S.58.

37 Vgl. Anm. 2.

38 Tuba Sarica: »Erdogans Wahlbetrug auf Video«. In: YouTube, 21.02.2018. URL: https://www.youtube.com/watch?v=zFNEoXgI9_k (aufgerufen am 21.02.2018).

39 WELT Online: »So hat die Türkei gewählt – Das sind die Hochburgen«. In: https://www.welt.de/politik/ausland/article163756394/So-hat-die-Tuerkei-gewaehlt-Das-sind-die-Hochburgen.html (aufgerufen am 04.02.2018), tagesschau.de: »Ein knappes Ja für Erdoğan. Referendum in der Türkei«. In: https://www.tagesschau.de/ausland/tuerkei-referendum-159.html (aufgerufen am 04.02.2018).

40 Vgl. Anm. 37.

41 Zeit Online: »Von Kooperation kann keine Rede sein«. In: http://www.zeit.de/politik/ausland/2017-04/tuerkei-referendum-osze-wahl-kooperation (aufgerufen am 04.02.2018).

42 Tuba Sarica: »Prominente, die sich von Erdogan einladen ließen«. In: YouTube, 04.02.2018. URL: https://www.youtube.com/watch?v=qsCXlAEn7Co (aufgerufen am 04.02.2018).

43 Tuba Sarica: »Gegen die Natur«. In: YouTube, 05.02.2018. URL: https://www.youtube.com/watch?v=jp5a-VdEaac (aufgerufen am 05.02.2018).

44 Tuba Sarica:»Erdogan behauptet, die Türken im Ausland würden Qualen erleiden«. In: YouTube, 21.01.2018. URL: https://www.youtube.com/watch?v=vCoEvaLuhUU (aufgerufen am 21.01.2018).